宝贝，你知道妈妈有多少话要与你说吗？你有多少心事妈妈在担心吗？

妈妈说给青春期女儿的悄悄话

愿天下宝贝
轻松度过
青春期

沧浪◎编著

中国婦女出版社

图书在版编目(CIP)数据

妈妈说给青春期女儿的悄悄话 / 沧浪编著. — 北京：中国妇女出版社，2011.10

ISBN 978-7-5127-0309-4

Ⅰ.①妈… Ⅱ.①沧… Ⅲ.①女性–青春期–家庭教育 Ⅳ.①G78

中国版本图书馆CIP数据核字(2011)第189354号

妈妈说给青春期女儿的悄悄话

作　　者：沧　浪　编著
责任编辑：万立正
封面设计：樊　帆
插画绘制：樊　帆
责任印刷：王卫东
出版发行：中国妇女出版社
地　　址：北京东城区史家胡同甲24号　　邮政编码：100010
电　　话：(010) 65133160 (发行部)　　65133161 (邮购)
网　　址：www.womenbooks.com.cn
经　　销：各地新华书店
印　　刷：小森印刷（北京）有限公司
开　　本：170×240　1/16
印　　张：17.5
字　　数：220千字
版　　次：2011年11月第1版
印　　次：2019年3月第13次
书　　号：ISBN 978-7-5127-0309-4
定　　价：32.00元

前　言

踏着细碎的时光，享受着妈妈温暖的怀抱，那个温润如玉的小丫头如一棵嫩苗，在耐心而细致地成长。忽如一夜春风来，嫩苗开始抽枝了。被青春期捕获的小丫头，长高了，丰满了，而她的心思也开始变得细腻难猜起来，她一会儿如轻盈的燕子，飞来飞去，一会儿又扶窗感叹，愁肠百转。

经历过同样青春岁月的母亲，静静地看着女儿的变化，心里既有惊喜，也有担忧，喜的是小丫头一朝成人，忧的是路还很长，青春期更要走稳才好。的确，青春期被称为“花季”，它有着无尽的美丽，可是青春期同时也被称为“雨季”，传唱着绵远的忧伤。最让母亲担心的是，青春期的孩子生理和心理的变化太大，如果没有应对的技巧，女儿感到无所适从，那么就可能迷失人生的方向。因此，作为母亲，有太多太多的话要告诉女儿。

这就是本书的写作缘起，鉴于很多母亲都非常关注青春期女儿的成长，希望能够解决女儿的困惑和迷茫，本书总结了女孩子青春期的生理和心理的变化，并细致入微地指导家长和孩子该如何应对。

青春期女孩子要经历的变化，简单说来就是要变成一个名副其实的女人。很多女孩子可能接受不了这个事实，活泼贪玩的天性使她们一时还不愿意踏进女性的世界。一旦成为女人，就没有了疯玩的资本，就没有了率性而为的空间，而且很有可能还要和多愁善感为伍，用身体的每一个感觉细胞来碰触这个充满着变数的世界。当然，也有一些女孩子，早就做好了准备，静待“成年”的钟声在自己的岁月上空慢慢敲响。成年女性的世界里，有很多具有诱惑性的东西，漂亮的高跟鞋、绚丽的口红，和一个帅帅的男孩子手挽手共度甜蜜时光，这些都是女孩子期待的东西。

无论怎样，我们谁都拒绝不了长大，就如童年有欢笑也有烦恼一般，成年同样有烦恼也有欢笑。当思维变得越来越成熟之际，认真思考周围的一切，就会发现，原来，成人的世界也充满了绚丽多彩。这是一颗孩童的心永远理解不了的。生命既然不愿意停下它奋进的脚步，我们不如踏着生命的节拍，快乐地迎接青春期的到来。

当然，在打开青春期的大门之前，我们首先要做好充足的准备，我们得知道青春期“门”后隐藏着的到底是什么东西。是野兽还是精灵？是天使还是魔鬼？青春期的特别之处就在于它既是天使也是魔鬼。为什么这样说呢？首先，女孩子们就要长大了，身材变得越来越曼妙婀娜，声音越来越优美动听，神态也越来越娇羞可人，此时，天使正在扇动翅膀；其次，女孩子们的心里也有了一种莫名其妙的悸动，有一种说不清道不明的感情，身体里有时会翻江倒海，此时，就是魔鬼在活动。

那么，我们到底该怎么办呢？很简单，跟随天使，驱赶魔鬼。青春期，是女孩子的第二次新生，这个时期会有很多压力，主要是自己的生理给心理的压力，面对一个喜欢的男生，冲动难抑，但是又必须要控制自己。女孩子，你知道“羽化成蝶”吗？那是一种真正的“痛并快乐着”，为了翩翩起舞，蝴蝶要经历痛苦的挣扎，要极力摆脱那个丑陋的外壳，伸展开五彩的翅膀，但是如果没有这种挣扎和痛苦，那么蝴蝶就难以腾飞。所以，女孩子们，去经历吧，去感受吧，去战胜自己吧，去展现自己生命的美丽吧。

本书从医学角度、教育角度，给女孩子提供了一些成长必知的常识，作为妈妈的一个助手，不但协理了孩子的生理卫生，还帮助妈妈对女儿进行心理上的辅导。青春期是女儿的困惑期，也是母亲的困顿期，为了避免在女儿“反抗期”内形成母女之间的对抗，作者把伟大的母爱浓缩成一行行叮嘱，用感性而多彩的文字给予女孩子殷殷的教导。希望它成为女孩子成长的闺中密友，妈妈教育女儿的协理员。

目　录

第3章 乳房初育：

挺胸抬头秀出少女自信/63

第4章 女人月事：

认真款待你的“好朋友”/81

第5章 私密花园：

性发育的早春来临 / 107

第6章 美的困扰：

花样年华里怎样最靓 / 131

第9章 人际关系：

不善交往烦恼多多 / 213

第10章 自尊自爱：

自我意识缺陷会毁掉你 / 245

第1章

青春萌芽：因成长欣喜，不必为变化焦虑

趴在窗台上，悄悄地看着邻家姐姐那漂亮的高跟鞋、花样百出的时装，眼里满是艳羡……女孩子就在这些对长大的渴望中发生着变化，个头变高了，身体变得凹凸有致，可是，小痘痘也来了，身上居然也长出了一些绒毛毛。还有，还有，那个从未谋面的“大姨妈”居然也来登门拜访。面对突如其来的变故，女孩子满心惊喜，可也不乏焦虑，她们迟疑着，无奈着，迷茫着。其实，不用怕，你所面临的不过是青春期，而它，只是新的成长阶段，也是人生最精彩的阶段！

羽化成蝶：为什么说女大十八变

听妈妈讲故事：

粗心大意的苗苗就在考试这天也没忘记迟到。当铃声敲响了一分钟左右，苗苗才冲进教室，坐到了自己的座位上。

教室前面居然不是本校的监考老师，看来学校越来越重视期末考试了！看监考老师那严肃劲，苗苗吐了吐舌头，还好，他正在忙着检查考生的基本信息。

这时监考老师走到苗苗跟前，他拿着苗苗的准考证看了半天，又盯着苗苗看，苗苗忽然想起由于赶时间，她的头发只是胡乱梳了一下，莫非形象非常糟糕？苗苗一下子绯红了脸。监考老师没说话，苗苗开始生气了，她抬起头，回视老师。

监考老师满脸疑惑，好像有一个天大的谜团解不开，苗苗心中不禁一阵鄙夷：咦，你还太年轻了，是不是没监考过！监考老师最终叫来另外一位老师进行核实确定。谁知这位老师来了之后也是一副布满疑云的面孔，这让苗苗非常不爽，本少女脸上有什么不妥的地方？她打开铅笔盒，对着里面的小镜子认真地照了照。没有什么啊，脸不说洁白无瑕，也是白净清新，再加上头发丝毫不乱，这不是一个完完整整、纯纯正正的方苗苗吗？

这时候，学生们也感觉到了两位监考老师的异样，纷纷投来不解的目光。率性的苗苗忍不住了："老师，有什么问题吗？"

"哦，这位考生，你准考证上的照片和你不太像！"

"怎么不像，那是我两年前照的。"

"可是差别确实大了点。"

苗苗的班长看不过去了，他站起来说："老师，我是这个班的班长，我向你保证她就是方苗苗……"

一位监考老师立刻意识到该发考卷了，他又看了看照片，照片上的那双大眼睛的确和苗苗本人的眼睛一样，只是脸庞有些变化。于是他告诉另一个老师先发试卷，然后在苗苗交卷时，在她卷子中间夹一张条子给她的老师就可以了。

考试后，苗苗的老师也知道了这次验证事件，他是一个非常爽朗的中年人，他像个父亲似的笑着说："真是'女大十八变'啊！"

苗苗此时真是哭笑不得。

送给女儿的悄悄话

为什么说“女大十八变”呢？一般来讲，女孩从10～12岁开始进入青春期，在此后的几年里，女孩子从容貌到身体都在发生着变化，特别是身体，女性的特征越来越凸显出来。

一般情况下，女孩青春期要早男孩一年左右，从乳房开始发育到月经初潮，大约需2～3年，继而腋毛、阴毛长出，骨盆变大，全身皮下脂肪增多（尤其胸部、肩部等），形成女性丰满的体态。

一般说来，女孩乳房开始发育在9～10岁时，这是少女青春期萌动的标志；11岁时，阴毛出现；12～13岁时，乳头、乳晕继续增大，但仍与整个乳房轮廓浑然一体；阴毛继续增多，并向阴阜及腹壁中部发展，由细变粗，色素渐渐沉淀。

当女孩到了13岁左右时，卵巢逐渐长大，月经开始来潮。同时，子宫、阴道和外生殖器也逐渐长大、延长及成熟，而这些变化，总是会“不露声色”，往往不易引起人们的注意，通常就连孩子自己也没有意识到。

之后，女孩在一两年内，卵巢功能从尚未完善直至成熟到足以排卵的程度；与初潮同时或稍后，腋毛长出，阴毛呈现女性特有的倒三角形分布，底边与耻骨联合水平相平行；乳晕区腺体发育，在已丰满增大的乳房上形成第二次隆起；到了14～15岁时，就出现了规律的排卵性月经；乳房发育成熟，乳头突出在轮廓鲜明的乳房上；而到了16～17岁时，发育接近成熟，骨骺愈合，身高增长基本停顿。

当然，女孩脑垂体分泌的生长激素赋予了少女一副美妙的身材。另外，女性体内也有少量的雄性激素主要来自肾上腺，少部分由卵巢分泌，它促进着腋毛、阴毛生长，阴部发育。脑垂体的活动还要受下丘脑与靶腺器官的影响。当然，脑垂体激素及靶腺激素的水平也反过来影响着下丘脑和垂体的分泌功能。下丘脑——垂体——靶腺（主要是卵巢）

构成了青春期“十八变”的控制轴系，它们相互依赖、相互制约，使得女孩血中激素浓度保持相对稳定，恰当地满足“女大十八变”对激素的需要。

那么为什么有的女孩并没有出现“女大十八变”的现象呢？那是因为高级神经活动影响着内分泌功能，对内分泌起着重要的调节作用。如改变环境、焦虑可引起闭经，感觉器官（嗅觉、视觉等）刺激可促进性腺活动，生殖道机械刺激可引起排卵等。再加上遗传因素、气候环境、文化教育、经济状况、青春期保健、健美锻炼等因素共同作用，从而影响内分泌，进而影响青春期发育。

妈妈告诉你这些话，就是要让你知晓女孩子青春期发育的“秘密”，这样，你就有可能更有效、更有针对性地依顺自己身体发展的规律，做到“女大十八变”，越变越好看。

“亭亭玉立”是因为在快速长高

听妈妈讲故事：

在一个省妇幼保健院青春期门诊里，有一位衣着光鲜的女士领着13岁的女儿，手中拿着检查单进来：“医生，这项检测我女儿已经做了很多次了，都说没有问题，就连CT检查也没有检查出什么问题，可是孩子就是一直脚痛，腿关节痛。这是为什么？”

医生抬头看了看进来的女孩，呵，好高的个头啊。医生问道："你多高了？"女孩像背书一样回答说："姓名：李海，性别：女，年龄：13岁，身高：1.63米。"医生被逗笑了，同时也很惊讶，他说："才13岁，就这么高，难怪……"

妈妈急了，不知道到底出了什么问题。医生说："没有啥问题，只是孩子长得太快了，身体的钙质供应不足，导致孩子脚痛、关节痛，只要多补钙就可以了。"

妈妈有些疑惑："难道就这么简单？"一句话反而把医生惹笑了："怎么？你还需要多复杂？"妈妈赶忙说："的确，这孩子去年下半年就长了12厘米，就好像吃了生长素似的！原来长得太快了也不好啊！"

送给女儿的悄悄话

进入青春期后，女孩由于受神经内分泌变化的影响，身体生长立刻加快，出现了继乳儿期后人体生长发育的第二个突增阶段。身高、体重增长，骨骼、肌肉、脂肪组织及各器官更加发育成长。

女孩子身高增长的开始时间早于乳房发育的时间，并且大多数在乳腺组织扩大到乳晕周围时，达到高峰速度。这个阶段，女孩子的身高平均每年增长8厘米，一些个别女孩还能达到10~13厘米；同时体重也相应增加5~6公斤，多者达10公斤。海海之所以出现了脚痛的症状，就是因为生长得太快了。

身高生长突增开始的早晚及突增的幅度与持续时间长短，存在着个体差异，但大多数人的规律相似，即多在突增高峰前3~4年起，增长速度每年递增，达到突增高峰后，生长速度很快下降，一般至15~16岁以后，生长很慢或停止生长。

此后，女孩子生长速度开始下降，月经初潮后继续长高的潜能有限，一般每年只有3～5厘米。从骤长开始到生长停止，女孩平均身高增长约25厘米。因此，如果几年不见的人，总是会惊叹道："仅仅几年光景，原本纤弱稚气的黄毛丫头就已出落成一个窈窕水灵的大姑娘了。"

女孩脑垂体分泌的生长激素、肾上腺与卵巢分泌的性激素、甲状腺分泌的甲状腺激素等，都对骨骼的发育成熟和身高的增长，具有独特而又相互配合的作用。这些内分泌激素综合协调的结果，赋予了少女一副匀称的身材。

进入青春期后，女孩的生长激素（简称GH）分泌开始增加，其分泌方式与促性腺激素一样，GH的生理作用主要是促进骨、软骨及其他组织的生长，因GH能刺激蛋白质和胶原的合成。GH还能使糖原异位，并引起脂肪分解，从而促进生长。如垂体产生及分泌GH过少，可使女孩产生垂体性侏儒症；因病理原因引起的GH分泌过多，可引起巨人症。

甲状腺素由甲状腺产生及分泌，受垂体分泌的促甲状腺素控制。其主要作用是促进机体新陈代谢，维持女孩的正常生长发育。甲状腺素对神经、心血管、胃肠及造血等系统均产生影响，并与GH协同，使成骨细胞肥大，骨骼吸收矿物质增多，加速骨骼生长，并使骨骼成熟。

肌肉发育的高峰紧随在身高生长突增高峰之后。女孩子肌肉所含的水分和脂肪比男孩子多，而肌纤维含糖量较少。女孩的脂肪组织在青春期开始后就逐渐增加，在雌性激素的影响下，体内脂肪持续增多，而且多聚积在腰髋部、臀部、大腿及胸部，逐步形成有女性特点的体形。

另外，青春期少女的体重也有很大幅度的增长，但没有像身高那样有明显的突增高峰。而是持续较长时间的增长，增长的幅度也较大，当身高不再生长后，体重还会有所增加，即使到了成年期之后还可继续增长。青春期体重的增长主要是骨骼、肌肉及脂肪的生长，也包含内脏器官和皮下组织的生长。

在青春期结束时，伴随着性腺发育的基本成熟，女孩子都会长成具有明显女性特征的体形。

胸部“花苞”越来越饱满

听妈妈讲故事：

师师的乳房开始发育了，先是乳头长大了，然后乳房开始隆起。她听妈妈和姑姑们说过：乳房发育是女孩子长大的一个重要特征。

师师为自己的变化而激动。一天，她上完体育课后，胸部有点疼痛的感觉，回到家后，她洗澡时发现乳头下那些微微的小隆起中，居然有一个硬块，稍一碰，就疼得更厉害了。

师师吓坏了，连忙尖叫着喊妈妈过来。正在厨房做饭的妈妈吓了一跳，跑过来一看，见师师哭着说：“妈，我怎么觉得我的乳房像是要胀破似的？”

“怎么会呢？”妈妈回答说。

“我们女孩子的乳房不会像气球一样鼓起来吧？”

“哈……”妈妈实在忍不住了，竟然哈哈大笑起来，“丫头，你怎么这么多刁钻古怪的问题。其实啊，乳房的成长就和你长个子一样，都是一种发育的过程。这表示我们家丫头长大成人了啊。对了，你怎么会突然这样问？”

师师很难为情地说：“因为和那些高年级姐姐在一起时，她们总是会取笑我们说：‘呀，你的乳房鼓起来了！’或者说：‘你的乳房都快胀破了！’那天，我也是感到自己的乳房酸痛极了，似乎真要胀破似的，所以我就害怕了。”

妈妈一听，连忙开导说：“没有那样的事情。你们这些小女孩子啊，尽管有时乳房会鼓胀胀的，不过那是很平常的事情。这情形不仅你有，其他女孩子也一样有。我们家师师健康着呢，不要太担心了。”

送给女儿的悄悄话

青春发育期里的女孩最先发育的当属乳房了，乳房的发育，是女性成熟的标志之一。女孩乳腺开始发育，是受到了体内雌性激素的影响，这时乳房内除了许多细长的乳腺管不断发育外，还积累了不少脂肪，由于乳腺组织较硬而脂肪组织较柔软，以至乳房逐渐隆起，而且富有弹性。

由于乳房的发育伴随着一些轻微的酸痛感，所以通常会引发女孩子的恐慌，其实，这是女孩要进入女人阶段的必然过程，所以，没有必要惊慌。

不同的女孩乳房发育有很大的差异。有的女孩才8～9岁乳房就开始发育了，而有的女孩要到16岁或更大一些乳房才开始发育。大多数女孩在月经初潮之前，大约在9～14岁乳房开始发育。

乳房刚刚开始发育时，构成乳房的乳腺及其周围的脂肪组织在乳头及其周围的乳晕形成一个花骨朵样的小鼓包，使乳头和乳晕隆起，乳头开始变大。之后，乳头隆起得更高，整个脂肪组织也渐渐变得更丰满，最后发育为成人的乳房形状。乳房发育的速度也因人而异。有些女孩乳房发育开始得虽然晚，但发育得较快，而有些女孩乳房发育得较早，却生长得较迟缓。

这里面需要注意的问题是，一些女孩子对乳房发育感到很激动，这一般是对乳房有了女性认识的女孩子，而另一些女孩子，则常为此而难为情，她们通常都是乳房发育得较早的孩子，因为周围孩子都没有什么变化，她对乳房的发育又没有清醒的认识，就会感到不知所措。

这些女孩会设法刻意掩饰自己的胸部突起，走路时低头含胸，或穿紧身衣束胸，结果限制了乳房和胸廓的正常发育。实质上，乳房发育较早、乳房较大的女孩也是受多种因素影响的，有些女孩较肥胖，就显得乳房非常丰满，还有些女孩受遗传因素、营养条件、气候等影响乳房发育得较大些，但通常到一定年龄后乳房的发育就会停止。

较大的乳房或者发育较早的乳房对身体并无任何不良的影响，也不会说明一个人的思想品德和意识有坏的倾向，所以不必为乳房的发育而焦虑不安。

身上长出了绒毛毛

听妈妈讲故事：

女孩子向来以干净体面为标志，晶晶一直也认为自己是这样的，可是最近她却惊异地发现：自己的身上居然长了很多绒毛毛。这一发现让晶晶异常难过，人进化了这么久，早已经脱离了猿人的形象，难道说这是要返祖吗？

特别是初潮后，晶晶的阴部还稀疏地长出了一些毛毛，晶晶不知道怎么回事，就想赶快用剃须刀处理掉。晶晶不好意思跟爸爸要，便跟妈妈说，妈妈自然问起她要剃须刀的原因，晶晶半遮半掩地说明了事情。没想到，一下子惹得妈妈哈哈大笑。

看到晶晶满脸愤怒的样子，妈妈赶紧停下来，详详细细地给她解答起来。

原来，每个女孩在青春期都会开始长体毛，而首先就是在外阴处长出阴毛，这是女孩们进入青春期后最先注意到的变化。所以，晶晶绝不是什么“小猿人”，而是每个女生都会有的正常现象。

妈妈说到这里，又禁不住笑了起来。

晶晶有点害羞了，脸憋得红红的，继续听妈妈的解答。

妈妈又告诉晶晶，阴毛属于第二性征。当女孩到了10～13岁时，卵巢发育日渐成熟，在其分泌的性激素刺激之下，阴毛也陆续长出。最先长出的阴毛显得稀少而柔软，随着年龄的增长，阴毛的颜色会加深，变得粗而卷曲。

“哦，原来是这样呀，不过，这些毛毛实在……太难看了。妈，我把它们刮掉行不行啊？”

妈妈看着满脸娇羞的女儿，感慨万千，自己的女儿一下子成了大姑娘了。她温柔地走到晶晶面前，抚着她的头，解释道：“妈知道，你那么爱美，看到身体长出这些小毛毛，肯定有些接受不了，妈当年也是如此，我甚至觉得这是让人羞耻的一件事。你知道吗？就是因为女人都有这种想法，才把这一部位称为‘耻部’。但你想想，既然每一个人都有，又有什么羞耻的呢？我听说，欧美人就称这一部位为‘维纳斯丘’，听起来是不是很有美感？”

听罢妈妈的讲述，晶晶豁然开朗，她知道这并不是返祖现象，而且也不用感觉到羞耻了。

送给女儿的悄悄话

阴毛属于第二性征。当女孩到了10～13岁时，卵巢发育日渐成熟，在其分泌的性激素刺激之下，阴毛也陆续萌出。

女性阴毛的生长分为六个时期：

第一期，一般女孩子10岁以前，尚无可见的阴毛。

第二期，10～11岁，稀疏生长出长而柔软的阴毛，像嫩苗一样，且轻微卷曲。

第三期，12～13岁，阴毛增多，并渐集卷曲，粗而黑。

第四期，14～15岁，阴毛扩展覆盖阴唇。

第五期，16～17岁，阴毛扩展到耻骨区，成为成人型。

第六期，18岁时，阴毛呈典型的倒三角形分布到大腿内侧。

当然个体差异也存在，一般来说，我国少女一般在14岁时开始出现阴毛，到17～18岁，阴毛的疏密状况基本定型。

女孩子的发育一般是先有阴毛的萌出，以后才见月经来潮，但也有一些孩子阴毛萌出可能是在月经来潮之后，甚至是迟到18岁以后才长出阴毛。

阴毛的有无、疏密主要取决于两个因素：一是体内肾上腺皮质所产生的雄性激素的水平；二是阴部毛囊对雄性激素的敏感程度。如果女孩子在阴毛发育期，由于某种原因使肾上腺皮质产生的雄性激素水平低下，或阴部毛囊对雄性激素不敏感，就会造成阴毛稀疏或不长阴毛。

阴毛多少或有无是因人而异的，如果女孩阴毛迟迟未能萌出，但月经正常，第二性征正常（如乳房发育、体型、声音变化等），且身体健康，问题是不大的，则不必过于担心。

有些少女虽已年过18岁，外阴部和腋窝依然毫无毛发萌出的迹象。这个时候，很多女孩会感觉苦闷和焦急，担心会影响结婚和生育。其实，这也没有什么，那么，到底少女为什么不长阴毛和腋毛呢？

人的毛发分两类，一类不受性激素的影响，头发、眉毛和眼睫毛就是属于这一类型的毛发；另一类是在性激素的影响下逐渐长出，如阴毛和腋毛。少女的阴毛和腋毛是在雄性激素睾丸酮的刺激下长出来的。一般来说，女孩子从10～11岁起开始长出阴毛，到14岁左右腋毛才出现。如果女孩子到了18岁阴毛和腋毛仍未出现（称为无阴毛和无腋毛），其原因大致可分为两类：

第一类是由于阴部或腋窝皮肤的毛囊对睾丸酮不敏感或不起反应，即使体内存在较高浓度的睾丸酮也不会长阴毛和腋毛。这种人往往乳房发育正常，月经也能准时来潮，并没有任何不健康的因素，也不会影响婚后生活和生育。

第二类是由先天性无卵巢或卵巢发育不良等疾病所致。病人除无阴毛和腋毛外，常同时伴有其他第二性征发育不良，如身材矮小，无月经，外貌也显得幼稚。这就属于病症性无腋毛了，此时应去医院检查和治疗。

总之，无论是腋毛还是阴毛，虽然对于女孩子来说显得不雅观，但却是身体发育的正常现象，因此不要为此烦恼。有一些爱美的女孩子通常会刮腋毛，这虽然没什么不好，但是一定要注意，刮腋毛容易造成毛根脓肿，一定要谨慎对待。

小痘痘来伤了“面子”

听妈妈讲故事：

“青春”是一个太优美的名词，可是就在美丽的背后，总有太多的忧愁和烦恼，就比如说青春痘吧，虽然没有人喜欢它，但是它却与青春

如影随形。我们来听一个有关青春痘的故事吧。

我叫美美，在准备美美地享受我的青春的时候，却遭遇了青春痘。

那一年，我上高中二年级，记得时不时会出现一些有黑色头的粉刺，那时候，我过于沉溺于青春的快乐中，以至于忽略了它的生长，直到有一天我发现我的脸上居然层峦叠嶂，大有“横看成岭侧成峰”之势，我才恐慌了。

妈妈说黑头一定要挤出来才能好，但是又不能自己挤，否则会落下疤痕，影响美观。我如何忍心我的后半生伴随着惨不忍睹的面容，就听从妈妈的话，跟她到美容院扎粉刺。我本以为这没有什么，但是第一次就体会到了什么叫“痛入骨髓”。扎粉刺就是在脸上用针把黑头硬挤出来，那种痛，来得太彻底，让我一时间难以招架，每次都是泪流满面，咬紧牙关，我也试图拿出关羽“刮骨疗毒”的精神表现得大义凛然，无奈，我毕竟不是关羽，面对美容针，我的唯一感觉就是“齿冷”。

就在美容院的忽悠下，我先后用过“祛痘套装”、“薰衣草精油”等，可是我的脸不但没有好转，痘痘还更厉害了。这无疑给我本来五光十色的青春抹上了污点，说什么“痛并快乐着”，那绝不是一种普通的享受。

送给女儿的悄悄话

对于每个女孩子来说，都不愿意自己的脸上凹凸不平，但是毕竟痘痘代表着辉煌的青春，所以也不要过于沮丧。一般情况下，过了一定的年纪，痘痘自然会消失。但是也有的孩子痘痘长得铺天盖地，变得非常严重，处理不好，不但影响美观，还可能影响孩子的自信心。

“青春痘”又叫粉刺，医学名词叫痤疮，为青春期常见的一种皮肤病。这是因体内性激素代谢异常等因素引起的皮脂腺与毛囊的慢性炎症性疾病，多发生在面部、前胸、肩胛及背部等皮脂腺发达的地方。

其实，每个人都逃不过青春痘的打击，它就像是人生长过程中必须要经历的一站一样。因为青春期时内分泌大大增加，如皮脂堵塞在毛囊口不能畅快地排出，于是形成一个又一个乳白色小点，鼓起在皮肤表面上，形成我们通常说的粉刺。以后小点的顶端被空气氧化而变黑，所以其又有黑头粉刺之称。虽然这些黑头粉刺影响美观，但那还不是最糟的，最让人担心的是这些粉刺很容易引起局部发炎，形成脓疮。脓疮容易破溃，破溃后大约经8～10周炎症就会消失，破溃处可能会形成瘢痕，脸上便出现凹凸不平的小丘，不但影响现在的面容，连未来脸面的光滑美观也被一次性剥夺了。

那么，一旦青春痘疯狂地生长，该怎么办呢？

就医学上来说，治疗方法较多，但不论采取什么方法，最基本的还是注意日常生活的自我调理。具体说来，应注意以下几个方面：

第一，保持皮肤清洁，常用温水洗脸，避免用碱性大的肥皂，不用多油脂和刺激性强的化妆品，以免进一步堵塞毛囊，使痤疮加重。

第二，洗脸时可以用毛巾轻轻擦皮肤，让淤积的皮脂从皮肤排出，但绝对不能用手去挤、掐、挖粉刺，这样做容易发生感染形成脓疮和瘢痕。

第三，避免情绪焦虑和紧张，要认识到痤疮是一种可以自愈的暂时性生理现象，保持开朗愉快的心情，减少情绪激动或心理压力，以免使青春痘增加或恶化。

第四，充足的睡眠是最好的美容方法，养成规律的生活习惯，尽量减少熬夜，避免因情绪或压力造成的失眠。

第五，平时多食含维生素A、维生素C、维生素E和膳食纤维素的食物（如蔬菜、水果），饮食要清淡，少吃甜食和油腻食物，少吃或不吃姜、蒜、辣椒，少饮浓茶、咖啡等刺激性饮料，不吸烟、不喝酒，保持大便通畅。

第六，不要用力摩擦青春痘。有些人错误地以为用力清洗皮肤可以去除青春痘，便用力用粗糙的有刺激性的清洁剂及摩擦物来刷皮肤，结果便导致青春痘恶化。

总之，青春期痤疮一般不需要特别治疗，大约25岁以后症状慢慢减轻直至自然痊愈。一定要注意保持清洁，放松心情，保证不留下瘢痕，同时快乐地接受它吧。

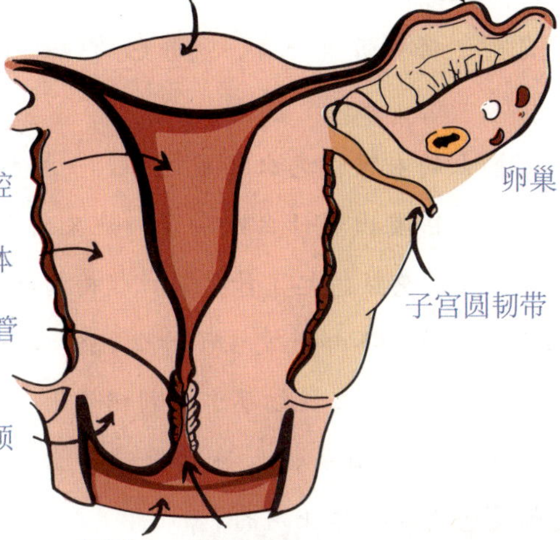

初潮让你变成了女人

听妈妈讲故事：

梅梅是一个活泼的女孩子，她有很多好朋友。

这一天，梅梅的几个好友都聚在她家里，有顽皮好动的安安，有年纪稍大、内向温柔的容容，有爱耍贫嘴的皮皮，还有说话唧唧喳喳的苹苹。几个好朋友正在讨论她们的这次春游，她们征得家长的同意，决定明天去公园里玩，现在她们正激动地述说着该做的准备。

梅梅一激动站了起来，她说："每个人都先带好自己的吃的和足够的水，另外为了保证我们的安全，我们得提前设想一下都会出现什么糟糕的情况……"正说着，梅梅突然感觉到内裤有点怪怪的，好像被什么东西黏住了。

梅梅并没有在意，她兴奋地在地上转了一圈，这时候，容容拉了拉她的衣角轻轻说："不好啦！你的那个印在裙子上了。"

"什么？"梅梅回头一看，浅绿色的短裙上，赫然印上了一朵夺目的红花。

"我刚换上的衣服，怎么变成这样？"梅梅有些不知所措，隐隐约约的，她似乎觉得要出现什么东西了，她又看了看容容，只见容容害羞地低下了头，然后忽然想起了什么，拉起梅梅就往外跑。

其他的几个孩子不知道发生了什么，爱耍贫嘴的皮皮在背后喊道："梅梅，你真粗心，怎么把红墨水弄到裙子上了？"

"红墨水？"梅梅一愣，她可没动什么红墨水，家里倒是有红墨水，但是那是爸爸批改作业用的。

梅梅挣脱开容容的手，回头对大家说："'同志们'，稍等片刻，我在听完'地下组织'的汇报之后，再来和你们会合。"说完昂首阔步地拉着容容走了出去。背后传来了苇苇唧唧喳喳的笑声。

"干什么？还弄得这么神秘？"安安挤眉弄眼地说道，"莫非有什么特别行动？"

安安看了看皮皮，皮皮心领神会，站起来就要跟出去，苇苇自然也不甘示弱，也站了起来，她们刚涌到门口，只见容容已经回来了，她看到大家如此好奇的样子，不禁有些好笑，推着她们又回到了屋里。

"梅梅呢？"苇苇问道。

"换衣服呢！衣服上不是弄上了红墨水了吗？说说咱们怎么办吧！"

几个小伙伴很快就忘记了梅梅的这件事，热火朝天地讨论起来。可是梅梅却并没有马上回来，她刚出去时，被容容拉进了洗手间，容容问梅梅：

"你这是第一次吗？"

"什么第一次？"

“月经！”

啊，月经，梅梅听一些大一点的女孩子说过这东西，也听妈妈讲过，女孩子到了这个年纪，就要出现月经初潮了，难道这就是？她忽然觉得有些难受，她一下子攥紧了容容的手，显得非常紧张：“难道我和以前不一样了吗？”

“算是吧，这表示你已经长大了！你等着，我去叫阿姨，阿姨会告诉你是怎么回事的！”

说完，容容就出去把梅梅的妈妈叫了进来。梅梅见了妈妈，一下子扑到妈妈怀里，大哭起来：“妈妈，我该怎么办？”妈妈安抚着梅梅，一边笑着说：“哎呀，我的女儿长大了！”

送给女儿的悄悄话

女孩子的第一次难免会产生惊慌的心理，毕竟从这一天开始，你就变得与过去不同了。当然，对月经了解得更多的女孩，这种惊慌心理会小些。因此，这里要告诉你一些月经和初潮的基本常识。

月经是指女性的子宫内膜周期性剥落、经血从阴道排出的过程。第一次月经来潮称为“初潮”，它是女孩子进入青春期的标志。初潮通常在胸部开始发育后两年出现。初潮代表子宫内膜受到雌性激素刺激而发育了，也代表从子宫到子宫颈到阴道的“通路”打开了。

东方女性初潮的平均年龄在12~16岁，不同国家的统计略有些不同，这主要是受许多因素的影响，如种族、文化、环境、气候、体质、运动、饮食习惯、营养及健康等，但如果18周岁还未来月经就要到医院去检查了。

有了第一次，还会有第二次，第三次……这就是月经周期。一般，月经来潮的当天，到下次月经来潮的前一天，作为一个月经周期。月经周期一般为28～32天，但有些女孩子的月经周期会长一些或短一些，只要是有规律的，一般属于正常。

月经期指从月经来潮至月经干净的这段时间，通常持续时间为2～7天，多数为3～5天。每次月经量约为30～80毫升，一般不超过100毫升。

对于初潮少女而言，面临月经初次来临，心理上会出现紧张、害怕、羞涩、好奇等复杂的情绪体验，身体方面会呈现腹胀、腹痛、腰酸、乏力、嗜睡、疲劳等不适感，再加上现在的孩子们在这个年纪学习压力都很大，抵抗力和适应力都会有不同程度的减退，所以，初潮少女加强身心保健意识非常重要。具体说来，要注意以下几点：

第一，了解初潮。懂得月经初潮是身体发育的必然，是青春期的标志，不必忧心忡忡，同时，要对月经初潮时并发的不适做好充分的心理准备，不必惊慌失措，每个人都会这样。

第二，注意休息，保证充足的睡眠时间，食用营养丰富、易于消化吸收的饭菜，这对增强体质、恢复精力大有裨益。身体好了精神自然也就来了。

第三，初潮时应避免参与剧烈的体育运动。

第四，经期应经常清洗外阴，因为在此阶段机体抵抗力下降，如果不注意清洁卫生，则极易引起细菌感染和发烧。据统计，初潮少女外阴瘙痒症的发病率为6.9%左右，其主要诱发因素就与经期外阴不清洁有关。

第五，避免接触冷水，注意保暖。

第六，加强自我防护，使用优质卫生巾，千万不可为了贪便宜，而使用劣质产品，更不能用消毒不严格的普通卫生纸和草纸来代替。

初潮被大多女性共同记为青春期的重要里程碑，它代表的是成长和变化。每一个女孩子都会对自己生理上的“第一次”记忆犹新，对于自己成为“女人”的向往和恐惧是并存的，感受是复杂的。

初潮的确会给女孩子带来很多麻烦，但是，只要逐渐习惯，并注意经期卫生，调节情绪，适当休息，月经并不会影响你的日常学习和生活。

新蕾初绽：有多少人在欣赏自己

听妈妈讲故事：

宋小云和杨美丽是一对好朋友，从小学到初中一直形影不离。她们几乎是在同一个时段有了初潮，这使得两个人的关系更近了一层。她们甚至义结金兰，还宣誓说：小云和美丽的生命就该是彼此相连的。

美丽人如其名，人长得漂亮，再加上性格活泼开朗，很有人缘。经常是人群中的焦点，受到很多人的关注，男生对她更是青睐有加。这使得美丽很是得意，但是美丽还是公开宣称她最好的朋友只有小云。

小云呢，其实很内向，她和美丽在一起，通常只是倾听，很少发表自己的意见，有时候被美丽问急了，才勉勉强强说上几句，可也是前言不搭后语，让美丽不知所云。

进入初中后，美丽明显发生了变化，她变得更爱与人交往了，也更看重别人的看法了，她会花很长的时间修饰自己的容貌，还特别注意自己在人群中的言谈举止。为了打造一个完美的形象，美丽可谓费尽心机。

比如，为了让一个曾经批评过自己的老师改变对自己的看法，美丽在预知老师要经过某个地方的时候，会故意拉一些同学到那个地方去说话，她会巧妙地将话题扯到老师的头上，大声赞美老师，而不知情的同学却不断地说老师的坏话，直到那个老师黑着脸出现在那些同学的面前。美丽自然受到了老师的赞扬，而那些同学就倒了霉。美丽当然不想让她的同学知道自己的这种心思，她事后会极力安慰这些同学："都是因为我引起这个话题，才让你们遭殃的。真对不起。"那些同学见她如此，不但不怪她，反而觉得她这个人很值得交往。

与美丽相比，小云就差得远了，她还是那个蒙昧未开的丑丫头，要成绩没成绩，要容貌没容貌，要交际没交际。私下里，美丽未尝没有鄙视过小云，但是美丽发现，为了维护自己的完美形象，她要刻意伪装自己，那非常累，而只有在小云面前，她才会无所顾忌，能够做真实的自己。

其实进入青春期后小云也发生了变化，她变得敏感了。她察觉到美丽对自己的鄙视，看到自己和美丽在一起别人把她们进行对比后的目光，她感觉非常难过，为此还不止一次偷偷落泪。不过，小云是一个包容的孩子，美丽一直对外宣称小云是她最好的朋友，这让小云很感动，她愿意做美丽的陪衬，小云变得越来越忍耐，也变得越来越内敛。美丽不在身边，她就会找一个没人的地方阅读。

美丽一如既往地喜欢找小云倾诉，尤其是她的隐秘。比如，她喜欢上了班里的体育委员。小云笑笑，美丽却毫不害羞地说："你不觉得他是一个英俊而伟岸的男生吗？我每次看到他都会激动不已。"小云还是笑笑，美丽就不依不饶，套问她是否有中意的男生了，小云摇摇头。

美丽似乎并不满足，她不断诱惑小云："喜欢男生也不是罪过，这就是青春期的特征，有什么大不了的。但是如果你单相思而不敢说出来，就会憋出病来的。我把我的秘密告诉你了。你还隐瞒着我，太不够意思了。”小云感到很为难，她说：“真的没有。”

美丽当然并不相信，她有事没事就盘问小云，觉得小云没有喜欢的男性这很不正常。时间久了，小云感到不厌其烦，就随便胡诌了一个人，大概是她们班上的班长，一个非常聪明而帅气的男生。乍听到“班长”两个字，美丽呆住了，其实，她心里真正喜欢的就是这个班长，而不是她所宣称的那个体育委员。美丽尴尬地笑了笑，揭过了这个话题。

这之后，美丽明显疏远了小云。小云虽然很难过，可也慢慢接受了，毕竟她和美丽之间差距太大。小云变得更孤独了。那天，小云正走在操场上，她看到来来往往的学生对她指指点点，有些不知所措。这时候，有一个女生跑过来狠狠推了小云一下，把她推倒在地上，那个女生愤怒地骂道：“恐龙，不看看你自己是谁，居然也敢喜欢班长。”旁边很多人都笑了，纷纷喊着“恐龙”。

小云一下子就明白了，美丽出卖了她。的确如此，美丽指使人在学校黑板报上写了小云的秘密，一夜之间所有的人都知道了。小云没有做任何的解释，只是默默地转了学。

但是，“恐龙”事件后，美丽的日子比小云更难过，她的良心受到了深深的谴责，她又不敢到小云面前去认错，又害怕小云把自己说给她的秘密公布于众，就这样提心吊胆地等待着。当美丽听说小云走了以后，她如释重负，本以为从此一切都太平了，没想到，不久她就得了严重的心理疾患。她变得喜怒无常，经常会没理由地对同学发怒，说话也是毫无章法，她会在做着优雅的淑女动作时，忽然爆出一句粗口。不得已，美丽休学了。

送给女儿的悄悄话

看完这个故事，你可能会感慨颇多。其实，青春期女孩的问题有很强的隐蔽性，因为少女的感情比男孩细腻，而且比男孩更在乎别人的评价。那些越是受人关注的女孩子，对于自己在别人心目中的形象越是看重。这其实对于成长中的女孩子极为不利。过于看重别人的看法，会造成几种弊端。

第一，人会变得虚荣。

为了营造一个美好的形象，少女会非常注意修饰自己，但是因为很多修饰都是违背天性的，这就使得一些孩子变得很虚伪，表面一套，背后一套。如果不能及时改过，就会把自己推向一个危险的边缘。为了维护自己的形象，她会刻意制造一些事件，来提高自己的人气，而一旦自己的形象受到破坏，就会不择手段地进行报复。同时，为了挽回，她会做更多、更虚伪的修饰。

第二，因为伪装而变得疲惫，产生心理疾患。

对于少女来说，心理素质还没有完全成熟，对于不断的伪装，会感到非常疲惫，如果没有一个发泄的机会，没有一个展现自己真实一面的地方，她就会产生心理障碍。著名的美国歌星小甜甜被冠以“精神有问题”的事件就是因为她妈妈总是要求她以优雅而完美的形象出现在众人面前，长久的压抑使得她产生心理疾患，以至于最后她在镜头面前大喊：“我是伪装的，我是一个坏人，不是你们想象中的好女孩。”

第三，人会迷失自己。

你还记得但丁那句话吧：“走自己的路，让别人去说吧。”虽然对这句话你已经耳熟能详，但是对这句话内在的含义，你却未必知晓。因为处于青春期的你，没有办法不在乎别人的观点，这个时期，你的思想并不成熟，你需要通过别人的鉴定来检阅自己、修正自己，这是一个非常自然而正常的成长过程。可是如果你过于看重别人对自己的看法，总是把自己修饰成一个人见人爱的孩子，或者为了别人的意见而让自己变得不自然，这就会使你迷失自己。你成了为别人而活的人，你没法听到你内心的声音，也不知道你真正的价值所在。

但是这还不是最糟糕的，因为你会伪装自己，有时候让爸爸妈妈、亲朋好友、老师也看不出你真正的想法。你不会像男孩那样会以扰乱课堂秩序的方式爆发出来，因此任课老师也无从发现“病原”；你无法像男孩那样明目张胆地向爸爸妈妈表达你的被正统思想不齿的看法，因此爸爸妈妈无法及时给予你帮助；你不会像男孩那样无所顾忌地在朋友面前冲动地做出一些让人难以理解的事情，因此你的朋友也没法纠正你的行为……而且，如果你伪装得太久，就连你自己，也会被你的伪装所迷惑，你会自然地忽视掉你那些消极的思想，并刻意把它隐藏起来。

大多数老师都认为：初中阶段的女孩其实“最难教”，因为她们极其隐秘地进行着心理活动，你根本就不知道她们到底是真的认同你，还是另有想法。而对于女孩来说，又觉得自己的这种行为和想法是理所当然。

所以，孩子，妈妈很希望你能够把自己内心真实的想法表现出来，不要太在乎别人的看法。作为妈妈，当然希望你能得到众人的欣赏，可是妈妈不希望你以背叛自己的方式来吸引别人的目光。你正在长大，渐渐成熟。妈妈认为：做自然的自己，才是真正的成熟。

第2章

黛玉情结：你绝对不是问题女孩

即使最活泼的女孩子在进入青春期后也会产生一种莫名其妙的抑郁心理，就像是林黛玉，见花落泪，望月伤心。这是因为在这个阶段，女孩子对自身的变化感到措手不及，同时又处于想要脱离家长而能力又不足的心理反抗挣扎期，对于新鲜的事物充满向往但又满怀恐惧。其实也没什么大不了，即使出现了一些心理悸动，也属于正常的生理范围，千万不要认为自己是个问题女孩，而对自己倍加鄙视。

你为什么会产生郁闷感

听妈妈讲故事：

周六了，可是天天不能待在家里，她早上7点起来，匆匆忙忙地跑向学校，她是鼓号队成员，每周末都练习打小鼓。

学校操场上已经有几个同学领了小鼓等在那里了，见天天跑过来，阁阁抱怨道：“周末都这么早，真受罪，早知道就不参加了！”

“那要是每个人都这么想，都不参加了，那运动会以及一切的活动，都举行不下去了呀。”天天耐心地说。

“我也知道，只是不知道最近怎么了！总是感觉心烦意乱，就觉得自己很悲哀，不知道为什么会变成这样！”阁阁小声解释道。

“我也是，有时候就觉得提不起精神！”一旁的玲玲也插话进来。

“我又何尝不是如此呢？”天天暗自想道。就在前几天，她一个人站在学校的围墙拐角处，看着树上落着的一只麻雀，忽然就落下泪来，自己也说不清到底怎么了，就是觉得委屈，仿佛谁亏待了自己，可是想想又根本就没有发生过什么不愉快。

“滴滴答答、嘟嘟嘟、咚咚咚……”这时，一连串乐器发出的声音惊醒了天天，她看到阁阁一扫愁闷的表情，脸上变得明朗起来，再看玲玲已经投入到了训练中。天天整理了一下情绪，也拿起手中的小鼓锤，认真地敲起来。

终于练完了，同学们冲向乐器室放乐器，天天和阁阁走在后面，她们的情绪还是很高昂。这时候，就听到鼓乐老师跟天天的班主任说道：

“唉！你说这怎么办哪！！十月份区里就要比赛了，你说我们鼓号队这么松散，到时候就完了呀！”

“现在只能用强制法了！”班主任若有所思。

不知怎的，天天刚才还很好的情绪一下子又低落了下去，我们难道就永远代表着不好吗？为什么看不到我们的努力呢？爸爸妈妈如此，老师也是如此，活着，真是要受尽这些人的折磨！

天天看了看阁阁，阁阁也已经没有了刚才的精气神，她忽然拉着天天走到一个没人的走廊上，天天莫名其妙，阁阁说：“你知道吗？我忽然想变成一个80岁的老太太，不用经历这些烦心事，别人也不会总是看着我，而且还很尊敬我，那该多好啊！”

“你到底怎么了？”天天不解地问道。

“不知道，反正就是不想让人总是盯着我看，围着我转。”阁阁有气无力地说。

“谁盯着你看了？谁围着你转了？”天天不由得笑了起来。

阁阁见天天如此，白了她一眼，就不理她了。

阁阁和天天很合得来，但还算不得无话不谈的好朋友，她是听说了阁阁最近有些小变化，可是看到阁阁并没有要和自己说的意思，也就作罢。

周一上课，班主任进来了，正在哄闹的同学们顿时安静下来，眼睛齐刷刷地盯着老师。

“今天我先通知大家一件事，之后再上新课。天天、湘珍、瑚蒂、惠敏、艾青，以上我叫到的人今天下午第一节自习课到我办公室来。”

话音刚落，同学们就又哄的一声交头接耳起来，这个说：“干什么？请他们吃大餐？”那个说：“无聊，给我们讲干吗？”还有的说：“快上课吧，烦死了……”似乎所有的同学都显得很是郁闷，每一句话都充满了不耐烦。

“安静！上课了！”老师一声大吼，所有的声音就此烟消云散。

下午第一节课，天天、湘珍、瑚蒂、惠敏还有艾青来到了老师的办公室。

“现在阁阁学习不太专心，有点反常现象，你们是她的好朋友，知道是什么原因吗？”老师开门见山。

“老师！我和阁阁不是好朋友，我和她都不来往的。”瑚蒂回答道。天天知道，瑚蒂和阁阁是最好的朋友，虽然她们时常闹矛盾，但是却并不像她说的不来往。不知道谁说过瑚蒂和阁阁吵翻了，只是天天并没有看见过，所以不知道她们现在还算不算是好朋友。

“老师，我知道一点点……”平时胆小怕事的湘珍小声地回答道。

“那你说吧！”老师说。

“那天我听阁阁对瑚蒂说她有个男朋友，是初一的，好像叫周什么……”湘珍小心翼翼地说。

“哼，周杰伦！”惠敏不怀好意地小声说道。

“瑚蒂，你来说说。”丁老师把目光投到了瑚蒂那里。

“老师，我说了不要告诉阁阁啊。嗯……阁阁给周方写了一封情书，然后他们就在一起了。”瑚蒂支支吾吾地说。

“不对，是阁阁接到了不知谁的情书！”惠敏抢白道，“你因为自己没收到，还和她吵翻了！”

“我……”瑚蒂一下子变得面红耳赤，她瞪着惠敏，一时不知道说什么，就那样张了张嘴，忽然就哭了起来。

班主任连忙安慰了她几句，然后让天天留下来，让其余的孩子们都回教室。

老师对天天说：“天天，我知道你和阁阁没有她们几个走得近，但你是班干部，和阁阁关系也处理得很好，你去了解一下具体情况，然后汇报给我，我再想想怎么处理。好了，你去上课吧。”

天天没有动地方，她看着老师，见老师也转过来认真地看着自己，这才说道：“老师，我们组织一次愉快的野外活动吧，不知道什么原因，同学们最近好像都很郁闷，郁闷自然就要生事了！”

老师低头想了想，点了点头，说道：“好！你和同学们商量一下，我们在这个周末就出去，好好玩一玩！”

天天使劲儿压制着自己的快乐，这才没有喊出来，她转头冲出办公室，她要把这个好消息告诉给同学们。

送给女儿的悄悄话

进入青春期后，女孩子很容易产生抑郁心理，有些医学家戏说这是一场心理感冒，“人人都得过，人人都会得”。

几乎所有的少女都具有多思和敏感的心理特征，尤其是进入青春期阶段，便进入了多愁善感岁月。即使没有什么不愉快的事情，女孩子丰富细腻的联想也容易把自己挤进小胡同。

为什么会出现这样的情况呢？

少女进入青春期后，往往会自觉不自觉地注意自我，关心自己在别人心目中特别是在异性心目中的形象。有一些要强的女孩子，会关注一些很有权威的人（比如老师）对自己的评判，一旦出现不好的评语，就会感觉很失落。

大多数女孩子在青春期都会产生两种心理：一方面她们对自己常常不满意，予以否定；另一方面又担心别人对自己加以否定，看不上眼。加上身体的变化，使少女情绪不稳定，易偏执地看问题，因此对人与人之间的关系十分敏感，稍有一点变动，就觉得发生了天大的事件，忧伤或者愤怒不已。

心理学家说：在这个阶段，孩子们处于“心理断乳期”——关注自我，注重个性表达，情绪体验丰富，情绪波动剧烈。同时，在这个阶段，虽没有成人的人生重大事件发生，可是学习的压力、竞争的压力也陆续展开，心情不可避免地会被这些“新刺激”所左右，“郁闷”也就在所难免。

但是一部分人由于感情的触角过于敏感而经常心绪不安、多愁善感，时间一长，有的甚至患上神经衰弱或神经官能症。

如果这个阶段发生一些失意、失败等“刺激”事件，就会给女孩子留下心理阴影，这在心理学上被统称为“创伤事件”。那些悲伤的画面会像噩梦般不断闪现，给女孩子带来焦虑、紧张、恐惧、情绪低落等不适的感觉。不过，如果自己注意心理调节，能够拿得起，放得下，75%的人不会遗留重大的心理问题。

那么，怎么解决青春期的郁闷感呢？

其实很简单，多做一些有益的活动松弛身心。比如到户外走一走，多接触大自然，新鲜的空气和美丽的景致可以使人心情放松，冷却火气；多参加一些运动，运动是摆脱紧张、忘记忧愁的好办法，有无体育专长并不重要，关键在于随便找个方式活动一下；尝试一下新鲜事物，即使像气功或保龄球一类的新玩意儿，虽然以前没有接触过，但不妨试一试。当你投入到一项新东西的学习中时，不如意的感觉便被抛在了脑后。

实在郁闷难耐，可以跟父母或者要好的同学聊天解闷，甚至可以适度“发泄”，以便解决内心的压抑。

总之，女孩子在这个阶段要善待自己，悦纳自己，也可以精心打扮一下，告诉自己：“我真的很不错，千万不要糟蹋自己。”对自己实事求是，敢于正视自己的优缺点，不去遮掩一切，不去计较背后的议论，做到用平常心去对待生活。

你不孤独，心事有人听

听妈妈讲故事：

都说母爱是最伟大的，母女关系是最好的。但事实有时候并不是如此美好。在女儿的青春期，是母女发生战争的非常时期。很多女孩子在这个阶段都感觉母亲不理解自己，于是郁闷的情结更加严重。

其实作为母亲，对于这个曾经伏在怀里呢喃软语的乖乖女忽然变成了嚣张乖戾的“坏丫头”，自己也有些转不过弯来。每一个母亲都害怕这样的结果，但是又不知如何告诉女儿自己是真心关爱她的。

一位教育家曾经讲过这样的故事：

我们母亲都是从少女过来的，我也有过带锁的日记，有了心事一定是悄悄地把它们记在那里。风花雪月的事情不是很多，有一些就是记载和母亲有矛盾的事情。

那个年纪，总觉得不被理解，和最亲的妈妈也没法沟通，现在偶尔翻看日记，发现那里面最多的文字就是："她怎么就这么不了解我真正的想法？""她为什么总是要逼我做我不喜欢的事情，还说是为我好？"……

有一个阶段，因为母亲没有注意到有个男孩子在一直追我，我甚至还怨恨过母亲："你是当妈的，怎么就那么粗心？这样的事情要放在别的父母身上，早就出面给解决掉了，可是你，却让我一个人孤军奋战。"

现在想一想，不知道为什么会那么怨恨母亲，其实有了心事可以和她聊聊嘛，可那时候就是不能张嘴，仿佛一张嘴自己就变得不清白了。到了现在这个年纪，有时候还是感觉不被母亲理解。谁能完全真正明白另一个人呢？即使那人是生你养你，觉得是最爱你的母亲。只是，我现在已经学会了宽容，没事的时候，和妈妈聊聊天，觉得一些烦恼就不知不觉地烟消云散了。其实，今天的我社会经验已经非常丰富，碰到了什么事情，母亲根本就不知道如何解决，我也不会把问题摆在妈妈面前，但是就喜欢和她聊天，甚至很高兴和她小小地吵一架。因为，在我心里，她就是那个最疼我的母亲。

送给女儿的悄悄话

进入青春期的女孩子有一些常见的心理矛盾，通常会觉得自己很孤独，没有人能够理解自己。即使那些以前很直

爽的孩子也会变得不爱和父母交流，她们另一方面要有自己的天地和时间，不愿意父母干涉自己的事，另一方面又感觉父母好像不太关注自己，心里很失落。

女孩对这种孤独感总是抱着一种若即若离的态度，似乎喜欢，又似乎讨厌，她们需要广泛的社会交往和更多的知己，需要被人理解，同时也需要一个人独处，静静地体会生活的酸甜苦辣。

其实，这也是女孩子对自我认识的一个过程。在这个过程中，女孩会拼命地保护自我，感受变得十分敏锐，容易冲动，容易与社会道德、行为规范、成人的要求形成一种对抗，最直接的对抗莫过于对父母的反驳。如果不是振振有词的直接对驳，就会默默地承受一切，不理睬父母的教导，也不愿意和她们交流。

如果这时候出现一些情绪的波动，就会对父母感到更加厌烦，也感到很委屈，不明白父母为什么一夜之间变得如此面目可憎，殊不知，变化的是自己。有一些心事无处说，就那样积压下来，心里总是沉甸甸的，快乐不起来。

其实，孩子啊，你并不孤独，你的心事有人听，你可以向妈妈诉说你的苦闷，可以向爸爸询问你的疑惑，只要你想说，爸爸妈妈都喜欢坐下来认真听。即使爸爸妈妈由于一些原因不能倾听，也并不表示他们不再爱你。如果你不愿意当面和爸爸妈妈交谈，可以采取留小纸条的方式，相信他们会认真回复的。

另外还有一个好方法，那就是记日记。日记本总是默默地看着你，听着你诉说，对你来说，这避免了面对父母时的忐忑不安。日记本永远都是最理解你的。

当然，作为妈妈，还是希望你能把心事给她说说，毕竟妈妈是过来人，会比较理解你的处境，同时，说出你的心事后，你就会轻装上阵，做什么都无牵无挂，做得顺心又畅意。

青春期的悸动是正常的

听妈妈讲故事：

这又是一个怎样的年少青涩的故事呢？

那一年，慧敏升入了初三，班上来了一个帅哥叫金浩，由于品学兼优，老师很快就任命他为班长。他一直是全班女生都关注的对象，可是慧敏似乎对他并不感冒，尽管他的座位与慧敏只隔着一条过道。

最近，慧敏之所以注意到金浩是因为付明明的缘故。付明明是学习委员，有事没事总爱找金浩探讨学习，也不知道在探讨个什么劲儿，慧敏起初觉得很无聊，渐渐地发现了其中有一些很有意思的小事情。比如，付明明会在讨论完后，给金浩一个小礼物，要么是一张漂亮的卡片，要么就是一支好看的笔。笔再好看，慧敏也没兴趣，她感兴趣的是那些卡片里到底藏着什么？哼哼，你个付明明，分明是在勾引班长嘛。

不知道为什么，慧敏就觉得自己保护班长义不容辞，金浩一心只读圣贤书，是一个不经世事的人，不知道像付明明这号人物的阴险。

但是如果直接打上门去，付明明一定不承认，瞧她遮着掩着欲说还休的样子，慧敏就替她难受。

在一次学习探讨之后，慧敏突然插了一杠子，她直直地盯着付明明，问道："你是不是喜欢他？"

正在收拾书桌的金浩和付明明一下子愣住了，特别是付明明的脸由红到绿由绿到白，像刷了立邦漆。

"你……你敢再说一遍？！"付明明气得舌头打结。

"我问你是不是喜欢他？"慧敏用手指头一指，指向班长。

"胡说，你不要脸。"付明明似乎要扑过来与她拼命。

慧敏"啧啧"叹道："那你老是看他干什么？别人不懂，我却懂你的心思。"

付明明已经扑过来，准备甩给李慧敏一巴掌，却被金浩捉住。付明明瞪着金浩，十分不解，眼神中分明是质问：你和她是一伙儿的？你在帮她！

金浩开口了："算了，她在开玩笑，不用当真。"

付明明哭出声来，愤愤而去。

金浩收拾好书本，正要离开，慧敏蹦到他面前："我喜欢你，不是开玩笑。”说完后像只蝴蝶一样飘出去了，留下了金浩，傻愣愣地站在那里。

慧敏心里说：傻瓜，我怎么会喜欢你，只不过是为了气付明明而已。可是不知怎的，回到家中，慧敏想到金浩，就感觉喜滋滋的，躺在床上几乎都要笑出声来。

晚上，慧敏和妈妈聊天，把今天发生的事情一五一十地告诉了妈妈，虽然她一再强调：如果她和班长谈恋爱，一定会气死付明明。但是妈妈还是变了脸，慧敏有些后悔，不该对妈妈如此口无遮拦，好在妈妈并没有说什么。

第二天晚饭后，妈妈似乎不经意地问慧敏：“那个金浩会不会比爸爸更帅？”慧敏点了点头，高兴地说：“当然了。爸爸虽然很帅，但是毕竟老了嘛！”妈妈忽然严肃地问道：“你是不是有点喜欢他？”

“见了他不觉得讨厌，有时候，似乎是喜欢那么一点点。”

妈妈有些紧张，慧敏意识到了，她立刻哈哈大笑着说：“怎么会呢？如果我喜欢的话，怎么会跟你说呢？”

妈妈这才放下心来，可是这个晚上，慧敏却有些睡不着，窗外皎洁的月光照着白色的床单，李慧敏翻来覆去，她打开了阳台门，站到阳台上吹风，风带动了她的思绪：“是不是有点喜欢金浩？”

送给女儿的悄悄话

这样的故事早已经不新奇了，每一个进入青春期的女孩子，都有一种悸动，这是必然的心理变化。

生活中，我们常常看见，处于青春期的孩子，脸上总是一派阳光，可她们的心中却有许多的迷茫与困惑。粗心的父母往往视而不见，学校教育也浅尝辄止，而细心的父母如果处理不当，也会影响孩子的情绪。正因此，青春期的诸多问题都被当成禁区，孩子有了困惑不愿意和家长谈起，家长也总是觉得不好意思和孩子谈一些所谓敏感的问题。

孩子，今天我们就要说说这青春的悸动是怎么回事，当你看到真相后，你就不会再不知所措了。

青春期的悸动是与性意识分不开的。青春期性意识的发展一般也分为四个阶段，即：性反感期；向往年长者的时期；对异性狂热期；浪漫恋爱期。

少女的性生理发育要比同龄的男孩子早一两年。因此，常常是男孩子还很懵懂的时候，女孩子就开始与他们自觉地划清界限，这就是对异性的反感与疏离。在这个时期内，少女都会对自身的生理现象——月经产生反感，产生性别自卑感。特别是看到同龄的男孩子无忧无虑地打闹时，少女更羡慕他们，认为他们的成长没有那么多烦恼的事情。其实，男孩子也有成长的烦恼，只是这个阶段他们还没有开始而已。

在向往年长者时期，少女的表现更为突出。这还是由于少女生理发育比男孩子早，因此情绪的需要也比男孩子早。一般来说，同龄男孩子还在玩打闹的游戏，而少女们已经开始了对异性的勾勒，因此，她们开始疏离这些同龄的男孩子，向往与比自己大的异性或同性交往，以满足自己的情感和精神寄托。

随着身体的发育，少女开始进入对异性的狂热期。几乎每个女孩子都有一个关于白马王子的美梦，常幻想那个他和自己花前月下，他用心地呵护着自己，可以为自己做任何事，甚至可以付出生命。

虽然生活很平淡，但是少女的心里已经开始了躁动不安。不过，这个阶段，一般女孩子会把年龄相当的异性作为交往对象。她们往往在任何活动中都想引起异性对自己的注意，并且十分留心自己在异性眼中是一个怎样的形象。这一时期就是所谓情窦初开时，她们在内心深深向往着爱情，把爱情想象得特别浪漫、美好，但由于女性的羞怯，表面上，女孩子们却装做什么也不想，一副置异性于无用之地的架势。

青春期的悸动一般都在这个阶段，女孩子们会变得多愁善感。感情的缠绵和对异性的不安情绪，容易分散她们的注意力和精力，从而影响她们的学习成绩。因此，一般的父母总是想方设法阻止孩子的这种心理悸动。

其实，父母的阻止行为并非没有道理。这时候，少女对爱情的幻想大多是海市蜃楼，虚假的成分多，由于还没有成熟，对于成人的交往方式还不适应，所以，悸动可以，但不要有什么真实的行动。因为只有你足够成熟，才可以迎接后面的浪漫恋爱期。

总之，女孩在青春期难免要产生心理悸动，对男孩子总有一个浪漫的幻想，如果没有这种想法才是不正常的。但是，幻想归幻想，在沙地中建立城堡毕竟不现实，不要被镜花水月所迷惑。

脾气变得暴躁了怎么办

听妈妈讲故事：

大薇和小薇是双胞胎姐妹，从小她们就相亲相爱，互相支持。可是最近不知道怎么了，两姐妹一下子变得陌生起来，她们互不理睬，即使偶尔在客厅里见面，也是一个哼一声翻一下白眼，另一个则扭过头去视而不见。

家里的气氛也因为这两姐妹而变得异常沉闷压抑。妈妈爸爸商量着怎样解开两个小姐妹的心结，可一时却不知如何下手。这天，妈妈正在厨房做饭，就听见客厅里两个姐妹的吵嚷声。

客厅里，厮打着的两个孩子被妈妈拉开，两姐妹已经都变得披头散发了，妈妈非常吃惊，大薇和小薇这样与人大打出手还从来没有过，何况还是孪生姐妹。到底发生了什么？妈妈一时愤怒，在大薇和小薇的背上每人给了一巴掌。

小薇哭了，而大薇没有哭，她正恼羞成怒地望着妈妈。妈妈心中也是气，于是恶狠狠地说："别用那种眼神看着我，错了就应该受到惩罚。我真不明白，你们两个女孩子，怎么忽然间变得如此野蛮，你知道这像什么吗？就像是泼妇！居然打架！"

没想到这一句话出口，小薇也停止了哭泣，和大薇一起怒目瞪着妈妈，过了一会儿，两人几乎同时说："妈妈，我恨你！"两个人就都跑出去了。

妈妈气得浑身发抖，这时候正好爸爸进屋，低着头往外跑的大薇一下子撞到了爸爸身上，看到自己的宝贝女儿满脸泪水，爸爸愣住了。这时候，小薇从他身边跑过，也低着头，爸爸一下子拉住了她，同样是痛哭流涕的样子，爸爸心疼了。

爸爸把两个女儿搂在怀里，温柔地问道："发生了什么事？"

两人异口同声地说："妈妈骂我们！"

爸爸拉着两个女儿进到客厅，却看到妈妈一脸茫然的样子，妈妈有些气愤地说："你们两个，现在倒是步调一致啊？为什么不说你们打架的事情呢？"

爸爸疑惑地看着两个女儿，这时候，大薇说："是她惹我的，她说我为什么和她是双胞胎，要不然，她就可以一个人拿三好学生奖了。现在每年都要和我轮流来拿。我和她讲道理，她却动手打了我一下，我才还手的……"

"我不想听任何解释，她打你就应该打她吗？你知不知道你是姐姐，应该让着妹妹。”妈妈余怒未消。

“不，你偏心！我恨你！”大薇大声喊道。

刚停止哭泣的大薇又放声大哭起来，起身要往外跑，被爸爸一把拦住。爸爸用眼神制止了妈妈，然后和颜悦色地告诉小薇：“任何时候都存在竞争，即使没有姐姐，还有别人和你竞争，这不是姐姐的过错。”

爸爸没有训斥两姐妹，可是两姐妹心里很难受，因为她们很想在爸爸妈妈面前留下好印象，而妈妈居然说她们是泼妇，爸爸还不知道会怎样看待她们呢！晚上，言归于好的两姐妹又讨论起来。

大薇说：“难道我们真的像泼妇吗？”

“在妈妈眼里好像是那样的。”

“的确，如果我看到别的女孩子这样厮打，我也会这样想，可是当时我们为什么就那样了呢？你说你为什么就想打我呢？”

“不知道，我就感觉特别烦躁，现在想想也觉得当时不理智。”

“你是不是‘好朋友’来了？”

“你怎么知道？”

“我也是，而且每次来了，都感觉特别易怒。可能是因为这个吧。”

在爸爸妈妈的卧室里，两个家长也没有闲着，爸爸对妈妈说：“你是从青春期走过来的，怎么就忘了自己当初是什么样子了呢？怎么能那样说孩子呢？”

“哪个当妈妈的会骂自己的女儿是泼妇啊？我当时一下子被她俩那个样子弄懵了，想着我的两个乖女儿怎么变成了这样！”

“你难道忘了吗？孩子进入青春期了，前天我一个同事还说‘青春期的孩子脾气真暴’，没想到，今天我们就从两个丫头身上体会到了。”

“也是，我当年也是不由自主地想发脾气。”妈妈边回忆边说。

“是啊，咱们这两个丫头平时都是模范生，老师也夸，亲友也夸，咱俩更是夸个没完，你忽然骂她们，她们怎么能接受得了？”

“……”妈妈沉默不语，她非常后悔自己口不择言，伤害了自己的两个女儿。

送给女儿的悄悄话

女孩子向来是温柔的代名词，一旦一个温柔的女孩子变得乖张暴躁，父母肯定会感到惊异，这也不足为奇。当然，这样说并不是为父母说错话做错事找借口，当孩子突然发生这样的变化时，更需要父母细心地呵护，发现其中的问题，否则，就会让孩子心中受到双重的创伤。

当然，对于孩子来说，自己也要对自己这时候的情况有一个清醒的认识。

处于发育期的女孩子，经常会表现出缺乏耐性、脾气暴躁，别说亲密的伙伴之间可能因为一句无关紧要的话闹翻，就是对父母、其他长辈或教师，也会有侵犯性的言行。

为什么会这样呢？科学家们发现，这完全是一种正常的生理现象，关键问题在于青少年的中枢神经系统处于高速生长的阶段。

美国脑神经科学家们对11岁左右——这正是青春期开始的年龄——的青少年进行了一组实验，科学家们让接受实验的青少年辨识一组肖像，然后让他们说出肖像的表情：是生气，是幸福，还是无表情？然后将青少年判断的结果与年轻的成年人的判断对照。他们发现，青少年的判断与成年人大不相同。实验证明，这一时期的孩子在感知、情绪等方面作出的错误判断最多，到大约7年之后，也就是基本完成生理发育的时候，他们才能比较准确地判断感情。

科学家说，11岁左右的青少年，正处于大脑前额叶皮层（在前额骨后）发育的阶段，大量的神经连接正处于“改造”之中，而大脑前

额叶皮层直接影响感情、道德、情绪等的变化，并负责产生行动的神经冲动。大脑的其他部分，在这一年龄之前就基本发育完毕，前额叶皮层是大脑最后发育的部分，发育过程伴随整个青春期。正是这样，发育期的青少年才有感情判断失常、举止暴躁等让人难以理解的表现，如果他们顺利度过这一阶段，那么就会一切恢复正常了。

而对于女孩子来说，引起暴躁的情况又很复杂，因为还有一个月经问题。月经来时，人通常都会情绪低落，暴躁易怒，很容易失去理智，再加上女孩子敏感的特性，出现一点点细微的不适，就会感觉失落空虚，为了弥补这种情感的空白，女孩子通常会莫名其妙地发脾气来让别人看到伤心的自己，企图寻找安慰，特别是对父母及最亲的人，女孩的反常会更直接地表现出来。

当然，也不是说所有的女孩都如此暴躁，而且女孩子也不能任性地暴躁下去，即使是忍受不了发了一顿脾气，这也没有什么关系，但是一定要认识到自己的错误，不要给自己找借口，避免形成骄横的“小公主”脾气。

你是否有过不眠的夜晚

听妈妈讲故事：

月光如水，微风浮动，栀子花开，香飘幽远。就是在这样撩人的夜

色中，有很多不眠的女孩子，她们痴痴地望着月空，诉说着不长的心事，也寻找着曾经飞天的嫦娥，寂寞广寒宫，可有同样的心事？

月琴就是这样的一个女孩子，如今，她就悄然坐在自家的阳台上，对着月亮发呆，想着自己的心事。

月琴轻轻地对自己说：“我近两天好像很好的样子，但事实上不是这样的。我过得并不好，具体的说是不充实。我这两天没有什么事可以做，或者说是提不起精神去做，而现在能做的只有感叹。青春哪，难道你只给了我迷茫，让我找不到方向吗？为什么我一点也感觉不到青春的快乐呢？”

明天考线性代数，月琴现在还没有复习完，不但没做好什么准备，就连睡眠也无法保证充足了，明天该怎么考？这在以前从来没有过，可是月琴真的说服不了自己，她既学习不进去，也睡不着。

其实，这些对于目前的迷惑来说，都算不了什么，关键是，吴月琴有一个非常喜欢的男生。她都不知道为什么会喜欢上他，也不知道从什么时候开始的。

那时，他和月琴是最好的朋友，他们两人暗地里较劲儿比成绩……

很快，那个男孩子和月琴成了无话不谈的朋友，她觉得好开心呀！心里经常会咚咚咚乱跳。她不知道是怎么想的，忽然想告诉那个男孩子，自己喜欢他！

月琴真的那样做了，那个男孩居然没有惊讶，也没有生气，而是婉转地拒绝了她。当时，吴月琴有一种想哭的冲动，她告诫自己不能在他面前哭，她忍着！忍着！！忍着！！！其实月琴明白男孩子是对的，毕竟是中学生，还有很长的路要走，不该现在为这样的事情分心。但是，月琴还是很失望，有段时间还觉得是自己没有魅力，真的是独自流干了眼泪。

现在月琴虽然不愿意回忆这件事，但是她却还是把它作为初恋，虽说它简单、平凡、无味，但毕竟给她的校园生活增添了一些色彩。她也庆幸，幸好及时收场。不然，也许就变得不美好了。

不知道这个假期能不能和若兰一起去她的农村老家玩，月琴可是向往了很久了，那里的青山流水，想一想都神往不已。

一阵暖风吹来，栀子花的芳香又被扫进了鼻孔，月琴伸了伸懒腰，叹道："生活，毕竟还是美好的，我何必如此悲伤呢？"

送给女儿的悄悄话

有一首歌这样唱道："女孩的心事你别猜，你猜来猜去也猜不明白。"的确，青春期的女孩，连自己是怎么想的都弄不清楚，太多的心事一旦阻塞，难免要品尝一个不眠之夜了。

据一份大学生的调查资料显示：有58%的女生在青春期都有过不眠之夜。为了自己迷茫的未来，或者为了尚青涩的爱情，在床上辗转反侧，思来想去难以入睡。

青春期是香甜的，可也是苦涩的，套用那副"风声雨声读书声声声入耳；家事国事天下事事事关心"的对联来说，就是"哭声笑声读书声声声入耳；往事心事未来事事事烦心”。

但是，人们对成功的人的一个基本评判就是能够延迟满足的时间，也就是说，为了未来的美好，现在就要忍耐痛苦。青春期难熬的日子，痛苦的时间，迷惘的追求，都要学会忍耐，输了青春，虽然不一定会输了人生，但是却失去了人生最精彩的时光！

其实，每个理智的女孩子对青春期的感情都有清醒的认识，她们所缺少的，就是在实践中克制自己。当然，知道该怎么做和具体怎么做还是有差距的。大多数女孩子现在所面临的问题就是知道怎么做是对的而实际上未必做得到。

那么，我们就继续谈谈该如何想到做到。

首先，这个阶段要不忘记认真学习。在当今这个学习型社会，不想认真学习就没法生存。这不仅应该是你头脑中的一个基本理念，而且也是帮助你顺利度过青春期的法宝。认真学习可以让你少想一些其他事，使自己的内心宁静而充实。所以你可以很好地安排一下你的学习，节奏稍微紧张一些，每天都有必须完成的任务，而且必须真正完成。这样，你的烦心事就自然减少很多。

第二，你也可以不完全回避你曾经产生感情这件事。其实，产生感情只是表明你作为一个女性的一面在成长，没有感情产生的女孩子才会让人感觉奇怪，只要它不影响学习和你将来的发展，心里的感情就不是一件完全不该发生的事。

第三，要保证充足的睡眠。无论对身体健康还是心理健康，睡眠都是一个重要的因素，有心事一定会影响睡眠。但是青春期的心事，往往是“剪不断、理还乱”，有时候放一放，反而会更好。所以，在上床睡觉的时候，要克制自己想心事，这样就不会睡不着了。

总之，一个不眠之夜可以说是浪漫，多个不眠之夜就是自我践踏了，如果让心事偷走了你的睡眠，形成恶性循环，那时候你要后悔可没有后悔药吃了。

如果你想“叛逆”一回

听妈妈讲故事：

这是一个叫娜娜的小女孩的故事，我们看一看她心里的苦楚。

我叫娜娜，家住在上海，是独生女，父母为我创造了富裕的生活环境，我却没有富裕的精神环境。我的衣服和鞋子都是名牌，惹得很多孩子羡慕，但我并不以为然。不要以为我不知道珍惜，我其实曾经偷偷地在暑假和一个好友的哥哥去过一个福利院做义工，那一段时间，我把自己身上值钱的东西都换了钱，交给了福利院。我和那里的孩子们一起吃，一起玩，感觉自己很幸福。

可是一回到家，我就找不到自己了。爸妈很忙，3年来他们陪我逛街不超过10次，这倒也无所谓，反正我有的是好朋友，可是他们忙得连家长会都不来，学习好坏和他们又有什么相干？

因此，我的成绩中上游，50个同学，我的成绩在15名左右。上学没有上进心，我这样说有点为自己不努力学习找借口的意味，但其实我就是想让他们知道我的存在。有几次，我甚至把成绩非常差的试卷摆在桌上，可是他们不是没有发现，就是和我做一个浮皮潦草的谈心了事。

妈妈说不勉强我，可我其实很想让他们勉强我，有时候想想，我自己也觉得很怪。这或许就是叛逆吧。

我早就听说了叛逆这个词，于是，我也学着叛逆。我开始不吃饭，衣服穿得少而且乱七八糟。爸妈还是一如既往地给我买名牌，有的我穿了几天就扔了，我知道这样做是非常不好的，是对他们劳动的不尊重，可是说出来很难为情，我就是想要让他们骂我。有时候，我会故意把一双很新的鞋在父母就要进家门之前的片刻扔到门外走廊上，爸爸的确骂过我，可是仅此而已，妈妈的唠叨倒是很厉害，可是总是让我烦。我有时候想：爸爸，你为什么不骂死我呢？

有一段时间，我觉得自己有些变态了，怎么总是做些没谱的事情呢？特别是我最近碰到了一个问题，我喜欢上了一个男生。每天就想着跟他出去，情人节那天，我居然完成了初吻，我既害怕又欣喜，不知道该怎么办，我就是想让妈妈知道我走远了。可是他们仿佛仍然没有察觉，现在我都克制不住自己啊。有什么方法能让我爸妈多关心我一些？

送给女儿的悄悄话

“叛逆”，其实是一个很大的话题，这里面不但有孩子的问题，也有父母的问题，不能一概而论。

就自我意识来说，进入青春期之后，渐趋强烈的个性意识、独立意识、成人意识的形成使每个青春期的女孩子都认为自己已经长大，理应自己管理自己、决定自己。这个时候，“叛逆”便表现为面对各方面的教育有意识或无意识地回避、反感，甚至背离……

另外，女孩子的心理随着这个年龄段自身生理的变化而变化，第二性征的出现给她们的心态造成了冲击，她们面对自身的变化常常感到不知所措，从而产生了浮躁心态和对抗情绪，因此在面对问题时她们常常呈现一种幼稚的反抗。她们并非有意违抗父母的意志，只在乎和父母对抗时的快感，看见父母生气、伤心，自己反倒高兴。因此，父母有时候很难理解孩子，为什么好好的话，她就是听不进去。

而从父母角度来说，如果不常跟青春期的女儿进行沟通，亲子冲突就格外明显。比如，为了引起父母的注意，她们会不顾一切地惹是生非，其实目的只是为了让父母看到自己。如果父母把个人意愿强加给孩子时，她们不仅不会按照父母的吩咐去做，还会采取报复手段，故意唱反调。

尽管叛逆并不可怕，但是我们也要看到叛逆的弊端。

叛逆是青春期的正常现象，但并非等于“为所欲为”，过度的、过界的“叛逆”是不被允许的。所以，你可以“叛逆”，但请先遵守规则：

不能和师长斗气；不要动不动以不吃饭要出走恐吓父母；不要因为成绩不好就抵抗着不学习，还希望好运从天上掉下来；可以叛逆，但不能做伤害自己的事；不要遇到挫折就觉得人生无趣；不要每小时都挂在线上让自己成为熊猫，还要欠网吧老板一个月饭钱；不能在路口把自己养成古惑仔，然后对学弟学妹们说要去“血拼”；不能自虐；叛逆不等于“出格”；交一些乱七八糟的朋友，做一些危险的事情不叫叛逆，叫愚蠢。

“叛逆也是有规矩的”，这样说虽然可笑，但是这个世界毕竟是由秩序来联系的，如果脱离了必然的秩序，那么就等于脱离了人生的轨道。

爱做梦没有什么不好

听妈妈讲故事：

没有不爱做梦的女孩，没有不爱听童话故事的小丫头。从咿呀学语开始，女孩子们就开始了幻想的征程，梦幻般的未来，那个骑着白马的王子到底应该是个什么模样，每个爱思考的女孩子都有了一个清晰的面目轮廓。进入青春期后，女孩子的梦变得多起来，有时候不分白天黑夜，就像是一个不断扩大的涟漪，把女孩子的心事一圈一圈放大开来。

因为爱做梦，会把自己变得不现实，就像是看多了言情小说，总是把自己当成了那个有着美丽艳遇的女主角一样，总是幻想着有一个天大的馅饼落在自己面前，而且还呢喃着：一旦馅饼摆在我的面前，我一定要学会珍惜，不需要上天再给我同样的机会。

但是生活毕竟是现实的，这种无法实现的虚幻，总是被现实击得粉碎，最终淹没了生活的激情。因此，一些父母不喜欢女儿做梦，他们总是一遍遍强调：别做梦了！

晴就是一个爱做梦的女孩，因为爱做梦，她试图把自己的名字改为“依梦”，但后来她的一个叫“山”的朋友觉得不妥，建议她叫“晴”，他说应该给自己更多晴朗的天空，她才作罢，并依言为自己定名为“晴”。

晴说：她很感谢那些梦，因为那些梦让她结识了智者“山”。忘记某年某月某一天，也忘记是如何收到第一封来信，那时候的晴很幼稚，傻傻地做着自己的梦，呆呆地守候着小小的角落，等待着好运的降临。是那封信，打开了她心灵枷锁的大门，也是那封信成为她后来人生路上的宝贵财富！

晴很懵懂，不知道什么叫长大，什么叫成熟，什么叫懂事。她就那样一日一日地活着，没有厌烦也没有欣喜。妈妈是一个有心人，看到女儿如此，不禁忧心起来。她咨询了一个心理医生，心理医生说：这正是爱做梦的年纪，爱做梦没什么不好，只要做的是好梦，并且能够行动起来，而不是空做梦。

这些晴并不知道，她只记得那是一封让人想起来就兴奋的信。信是这样写的：

小丫头，我已经注意你好久了，但是你可能永远都不会认识我。我喜欢你的开朗，也喜欢你的沉默，你的笑声像一朵绽放的荷花，层层铺展开来，让人心旷神怡，你的沉默就像水莲花般娇羞，满是一低头的温柔。

可是，你似乎有很多的梦，我每天都在猜想着你做了什么样的梦，可是我太缺乏想象力了，怎么也想不透你的心思在哪里徘徊。

我也曾经喜欢做梦，可是后来我的一位长辈敲着我的脑袋瓜骂我：“醒醒吧，别做梦了。有那工夫，你还不如去做点有意义的事情。”话很难听，我当时真的很受打击，被人戳穿心事是很难堪的事情。

后来我还是喜欢做梦，但是我从来都是做好梦，而且，你知道吗？我的每一个梦，我都争取让它实现，就这样，我现在的人生已经完全掌握在我自己手中了。

你呢？你想不想实现你的梦？如果答案是肯定的话，那么就做一点实事吧。相信那会让你的梦做得更甜美。

——一个被你吸引的人

晴很感激那封信，对信中人的指点也深信不疑，从此，她开始和这个人通信聊天。让晴奇怪的是，她知道自己的迷茫，她了解自己的梦想！

她告诉晴：为自己的人生定个目标，闲暇时思考人生最重要的事情，理智地面对生活，记住水滴与石头的故事……太多太多激励着晴的梦想，也一次次唤醒幼稚的晴。晴发现，她从梦中走到现实，搭建了更高的台阶后，她的梦境变得更美，很多不敢幻想的东西也出现了！自己一下子竟然变成了一个小公主。

晴非常想知道这个笔友到底是谁，可是笔友从来不告诉她姓名。直到她考上大学的那一天，妈妈在庆祝她成功时说了一句："你终于圆了你的梦。妈妈猜猜，你的下一个美梦会是什么呢？"说着，妈妈还冲着晴眨了眨眼睛，晴一下子知道了原来那个笔友竟然是妈妈。

晴一下子感觉自己受到了欺骗，有一刹那，她甚至有些气愤，可是她毕竟长大了，想想妈妈陪自己长大的这些岁月，她只有感激，过了好一会儿，她忽然搂着妈妈的脖子说："我们还做笔友吧。那样，我会给你描述更多的梦。"

送给女儿的悄悄话

爱做梦的女孩有很多，可是因梦而受打击的女孩子也不少。因为梦的纯美，现实显得更加破碎，越来越多的伤感充斥的人生空白，让整个前途变得面目全非，找不到路的出口。可是我们并不能把全部罪过都推给梦。

爱做梦没有什么不好，只是看你做的是什么梦，能不能通过做事把所有的梦都变成现实。对于一个有行动的女孩子，梦就是行动的指南，是人生的方向。

据美国和荷兰的医学家说，爱做梦有时候能帮助女性放松和健美。

通过放松身心、闭目静思，可以有效地消除疲劳，有益于左右脑平衡使用，促进思维和创造力。这是另一个层面的意义了，我们不多赘述。

但是做梦时如果保持良好的状态，就能出现α脑波。现代科学认为，人脑细胞通常仅有10％左右得到使用，其余90％的脑细胞有多少还可以利用，则与刺激大脑的方式有关，而平常仅在熟睡时出现的α脑波，就是一个特殊的刺激源。α脑波不仅使人心旷神怡，还使人的潜在脑被大大激活，从而增强了意识，其中包括记忆力和注意力等。

因此，医学家们得出结论，如果一个中年妇女经常冥想自己是一个皮肤光滑细嫩的少女，便可延缓脸上皱纹的发展，即使有了皱纹，有时甚至可以使其变浅，甚至消失。如果老年人的腿脚不利索，可以冥想一个体操运动员或舞蹈演员的精彩表演，时间长了，腿脚就会逐渐灵活。

这就验证了我们所说的做梦要做好梦的结论。专家们称，虽然迄今尚未弄清冥想把治疗信息由大脑传递到每个细胞的确切机制，但已有两点能够肯定：一是对免疫系统的生化物质起到了良好的促进作用；二是让大脑的左侧从语言活动中解脱并处于休息状态，让右脑充分发挥直观的形象思维能力，从而使经常用右手劳作的人和善于语言思维的人容易发生的左脑疲劳及时恢复，并提高工作效率。

当然，对于你要实现的理想来说，好梦只能做个目标勾画，重要的还是要行动起来。只有行动起来，美梦才能变成现实，其道理如天上下雨地上流那样简单。

最后，女孩子不要做不切实际的梦。梦当然越美越好，但是在某一个阶段不要让更高一个阶段的梦来干扰自己，否则，不能实现美梦，就会挫伤自信心，得不偿失。

别难过，女孩并不比男孩笨

听妈妈讲故事：

小婕13周岁了，上初中二年级。这个一向活泼开朗的姑娘最近情绪有些低落，这还得从前几天那场期中考试说起。对学习一直很有把握的小婕居然在这次考试中，名次下降了近十位之多，排到了十五名之后。当老师公布了这个成绩后，小婕真像掉进了地窖一样，浑身冰冷。

小婕完全不能接受这个事实，回想起这段时间，自己总是不能集中注意力，而且特别沉迷于偶像剧，还幻想着某一天有一个白马王子突然出现在自己面前，两人进行一场浪漫的恋爱。小婕觉得自己堕落了，这使得她更加消沉。

这种状况一直持续了很长时间，也没有改观。不巧的是，自从上了初二，班主任与英语课都更换了新老师，这位班主任似乎没有察觉到小婕的变化，对她也不是很重视。本来，小婕对这次成绩的下降很忐忑，害怕老师找她谈话，可老师居然没有理她，这反而让她感觉有些失落，觉得自己已经被老师们遗忘了。

同时，初二又增加了物理和化学，小婕感觉学习压力很大，她一边对下降的成绩耿耿于怀，一边又急于应付新增加的课程。

有一天，小婕起床晚了，眼看马上就要迟到，妈妈往她的书包里塞早餐，爸爸拿着车钥匙等着送小婕。小婕紧张地刷牙、洗脸，她对着镜子，看着那个有些憔悴的自己，忽然号啕大哭。妈妈吓坏了，连忙进来问怎么了，小婕扑进妈妈的怀里，非常委屈地说："妈妈，我还是不上学了，我忽然发现我变笨了，我学习成绩下降了那么多，我听一些学姐说：女生到了初中成绩都会下降，那既然如此，我还学习什么……"

送给女儿的悄悄话

一直以来都有这样一个现象，那就是在小学的时候，女生就是学习的天才，所有表现优秀的学生几乎都是女生，但是这种情况到了初中后就发生了改变，女生的成绩直线下降，而面对新增加的数理化学习，男生则如鱼得水。就连哈佛大学前任校长萨默斯都认为女生在理工科方面难以做出优秀的成绩。那么，女生真的比男生笨吗？

美国威斯康星大学的心理学家珍妮·特海德领导的研究小组曾对此做过专项调查，全美10个州720万二至十一年级学生参与了这项实验。根据他们的调查数据，女生比男生笨根本不是事实。从智力而言，男女的差别不大。女生到了初中会有成绩下降的现象，除了基础学科没有吸引力外，还因为她们被激励得不够。

事实上，我们的大脑对外界的影响并没有"免疫力"，而是善于接纳。大量证据表明，青春期的女孩因为身体的变化而会有一种对女性性别的重新认识。这个时期，女孩对社会对女性的要求特别敏感，一方面渴望能够实现自己的个人价值，另一方面又受父母和社会的影响而格外重视女性的责任。

当然，这部分受影响的女生会少一些，大部分女生对自己的女性角色并没有太多的感知，但是成绩也会下降，尤其是和男生相比，会有明显的变化，男生呈上升趋势，而女生则明显有下降的趋势。这是什么原因呢？

第一，女生的青春期要比男孩来得早一些。

我们前文已经说过，女孩的青春期在10岁左右就开始了，而男孩子到十三四岁的时候才会有青春期的症候。也就是说，在女孩子们已经对异性有了别样的感觉的时候，男生们还在懵懂之中。

青春期乃“多事之秋”，由于心理的变化和身体的变化，导致女孩子在学习的过程中不能完全集中注意力，成绩下降也就在所难免。但是只要你能主动疏导自己的情绪，不再纠结于青春期的变化，那么你依然会成为一个成绩优秀的女生。

第二，女生和男生的大脑结构不一样，接收信息的能力不同。

女生比男生差的地方包括以下两点：

1.女生对于声音敏感，而男生对于机械更熟悉。

虽然女生并不比男生笨，但是两性之间大脑差异还是存在的。平均来说，男性的大脑与女性大脑相比，更多地依赖空间机械刺激，因而天生更易接受图表、图像和运动物体的刺激，对于记忆大量序列式和层次分类（要点、子要点、子子要点等）的信息时也非常在行。而女生则对语言比较敏感，因此，当老师在讲课时说得太少，而是用表格或者空间模具来进行教学，女生在接受起来就会相对困难。

2.女生大脑不习惯实验操作式学习。

相对男孩来说，女孩血液中的多巴胺（可增加冲动性冒险行为的概率）含量较少，流经小脑（小脑是脑中控制“行为”和“身体行动”的部分）的血流量更少。这些因素被认为是导致女孩在静坐或久坐的过程中学习能力总体上比男孩强的原因，但却也是女孩不擅长于动手操作的罪魁祸首。化学实验操作课上，通常男生的表现会更突出。

但是就目前的课堂教学来说，女生明显还是占据优势。

1.女孩明显更适合听课记忆。

女孩大脑颞叶中拥有比男孩更强大的神经连接，这给了女生更多复杂感知记忆的存储以及敏感的听觉。而且，对于课堂上老师讲述的内容，尤其是文字内容，女生更容易进行记忆。

2.女孩的胼胝体（连接两个脑半球的纤维束）与男孩的胼胝体体积不同。女孩的胼胝体（以及其他相关神经纤维）容许两个大脑半球间进行更多的交叉信息处理。因此，在行为上女生可以同时等质量地完成多项任务（多重任务测试）。简单来说，女孩可以一边说话一边做作业。

3.与男孩相比，女孩还拥有更多的雌性激素和后叶催产素。这些化学物质直接影响语言的使用。因此，女孩更善于表达，同时对于用语言来表达的学科掌握起来会更容易一些。

科学研究表明，不管女性和男性的大脑有哪些差异，但是女生并不比男生笨。虽然女孩不擅长空间思维，但并不表示女孩就难以掌握理工科知识。

根据威斯康星大学的调查统计：无论女孩或男孩，随着年龄的增长，他们对数学的兴趣都呈稳步下降的势态，只是到高中阶段，男生中表示喜欢数学的要多于女生。珍妮·特海德和她的研究人员认为，因为不感兴趣，才导致女孩没有集中精力学习数学，但这并不表示女生的数学才能比男孩子差。她们提出的调查数据显示，在所有的年级中，女生的数学平均成绩都优于男生。研究人员说："女孩子只是对数学缺乏兴趣，而不是缺乏天赋。"

孩子，你如果在青春期来临的时候，突然发现自己的学习成绩下降了，对理工科完全不能理解，那并不表示你比男生笨，只是你需要提高学习兴趣、改变学习方法，同时要注意排解忧虑，集中注意力，那么你一定能学好所有的课程。

阳光“精灵”，舞动青春的活力和激情

听妈妈讲故事：

初中一年级的女孩子大多数都已经进入了青春期，学校为此专门为女生开设了“青春期特别课”，老师非常耐心地给学生讲解青春期的事情。当进入“怎么样控制自己的情绪”单元时，宁宁觉得没有意思，她一直认为自己的家庭教育很好，不会为了不能控制自己的情绪而做错事。因此，上课的时候，宁宁就拿出数学作业来。

宁宁的小动作被老师发现了，老师教导她说：“你现在刚刚进入青春期，可能还不会有太大的感觉，但是不久你就会发现你的情绪会产生很大的波动，易怒、兴奋点低、容易沮丧，就是为了避免你出现这样的情况才给你上这种课，可是你却不专心。”宁宁不以为然，但是却也没有表示反抗。老师看出来这些话并没有打动宁宁，就故意说道：“宁宁，我会把这件事反映给你的班主任。”说完就不再理宁宁了。

宁宁感觉有些气结，她倒不是更怕班主任，只是她觉得事情根本没有那么严重，这是一堂并不重要的课，大家都在各自做别的事情，凭什么老师就专门针对她。她越想越气，越想越难过，为什么就我一个人倒霉，老师就看我一个人不顺眼。我难道比别人长得更难看吗？想着想着，宁宁不觉掉下泪来，她连忙低下头，害怕被别人发现。

其实老师一直在观察她，怎么会放过这个细节呢？于是就问宁宁感觉怎样，宁宁不吭声，老师说：“你是不是觉得不公平？”也不知道哪里来的力量，一向安静的宁宁突然大声喊道："老师，你就是不公平，这又不是什么大不了的事情，您凭什么要告诉班主任。再说了，大家都在做与你讲课内容不相关的事情，为什么您就看我不顺眼。"所有的同学都停下手里的事情，看着老师和宁宁。

老师点点头，微笑着说："为什么？因为我想让你体验一下情绪的波动。我只不过说告诉你们班主任，你就哭个不停，你不觉得这有些不合逻辑吗？你害怕了？你难过了？你愤怒了？你是不是感觉一下子……嗯，用一个词形容说'百感交集'，是不是？"宁宁有些好奇，老师说中了她的心事。看到宁宁若有所悟，老师语重心长地说："不用担心，这是你成长的一部分，相信其他的同学也存在这样的问题。虽然这是正常的，但却往往会影响你的判断力。首先，我不会因为这点事就告你的状；其次，即使我告你的状，对你的未来也没有什么影响。所以，你根本就不用担心、忧虑，也没有必要愤怒。"宁宁有些感动，其他的同学似乎也被触动了。

老师又继续说："青春期，这是一个多事之秋，所有的孩子都会有情绪化的时刻，这很正常，但不能完全由着自己的性子来，要适当控制自己的情绪，凡事能耐心点，能沉静下来，阳光地看待问题，那么你的青春会非常有意义。"

有一位同学有些不服气，说道："老师，其实宁宁很阳光。"老师看了看那位同学说道："当然，你们都很阳光，你们就应该阳光。但是青春期的变化会让你们的情绪多变，对待事情也显得特别敏感，而且喜欢消极地看待问题，特别在乎别人的看法，觉得别人的说辞似乎有道理，又似乎完全没有道理。有的同学可能对这种变化有感觉，有的同学则完全感觉不到自身的变化。感觉到变化的呢，不知道该怎么办，感觉不到的呢，就完全受了情绪的控制，变成了一个不可理喻的人。你们想想，宁宁大概在咱们班女生中是最善解人意的一个孩子了，可是她也会对我的那句批评感觉难以接受。还会想出很多的理由，甚至还会联想到老师对她个人有看法……"老师说着，转向宁宁，"我说得对不对，宁宁？”宁宁有些不好意思，低下头。老师继续说道：“所以，我今天就教你们如何控制自己的情绪，帮你们做阳光女孩。”

所有的孩子都停下了手里不相干的事情，认真地听老师讲解关于情绪的问题。

送给女儿的悄悄话

虽然你并不是一个生性悲观的人，但是青春期却可能让你有所改变，你会变得特别敏感，变得不那么有耐心，而且极其暴躁，不愿意接受别人的意见，同时对于别人的看法又特别在乎。所以进入青春期后更要学会控制情绪，如果你不能控制自己的情绪，那么你可能会变成一个不可理喻的孩子，同时还会因为坏情绪而影响身体的发育。

情绪是心理活动的核心，对身心健康有重大的影响，学会自觉地调节和控制情绪，是心理保健的重要内容。其实，小孩、成人无论做什么事都带有情感色彩：考试取得了好成绩时，会感到兴奋而喜悦；被人误解会感到愤怒；失去珍贵的东西会难过伤心；愿望没有实现又会沮丧；进入一个陌生的环境时，会感到局促不安甚或产生恐惧等。这些喜悦、悲哀、愤怒、恐惧等情绪活动，都会引起身体一系列的生理变化。

科学研究表明，积极健康的情绪，如愉快、欢乐、适度的紧张，能促进青春期孩子的身体发育，因为良好的情绪可以引起心脏输出量增加，促进血液循环，提高骨骼的增长速度，同时还能使人精神振作，大脑工作能力增强，对取得好的学习成绩有帮助。而伤心、悲痛、愤怒、焦虑等消极情绪引起的生理变化，则往往会引起身体的多种疾病，如高血压、胃溃疡以及心理障碍等，不但影响身体的发育，还会使心灵受到创伤。所以，你有必要修修阳光心态课，让自己做一个轻舞飞扬的阳光仙子。

第一，要培养乐观的生活态度。

当你遇到问题时，会自然地出现一种情绪，你要有意识地去克制自己的不良思维方式，以宽容的心态接纳你所遇到的一切事情，无论是困难还是荣誉。同时，当你遭遇挫折的时候，要以乐观、积极的态度去面对，相信自己，相信未来，改变抱怨的心态，远离愤怒，不要使自己丧失理智。

其实就女孩的大脑来说，额叶（控制人的冲动的神经部分）通常较男孩的活跃，而且发育期更早，这使得女孩在控制情绪方面具有一定的优势，但女孩的大脑更善于接纳，所以女孩通常会比男孩更在乎别人对自己的评价，而这通常是女孩不能保持阳光心态的原因。针对此，女孩有必要对自己做一些心理暗示，比如：我就是一个优秀的女孩，我相信自己。这样，会容易形成乐观的处世态度，对前途和生活都会充满信心和希望。

第二，要适当地发泄积存在心中的不良情绪。

当你遇到难以排解的事情时，你可以找知己的人倾诉自己的苦恼和忧伤等等。这样做，有助于消除心中的烦恼、压抑，从而达到心平气和的状态。这种发泄对心理健康是有益的。

第三，要保持适当的紧张和热情。

对，你的确需要一些紧张情绪，它能维持和提高学习效率。这一点对于女孩来说不难，女孩通常比男孩更容易变得紧张，但是女孩不容易把这种紧张往激情上靠拢，女孩紧张通常会造成慌乱。这其实还是女性的大脑控制的结果，女性不容易冲动，但却比较敏感。这就需要你在过度紧张的时候要学会放松自己，并有意识地把紧张的状态转为一种奋斗的激情。

苏东坡在其《水调歌头》中也写道：“人有悲欢离合，月有阴晴圆缺，此事古难全。”太阳不能给所有的地方制造白昼，月亮难以避免自己的圆缺，每个人都会有这样那样的挫折，只要你能够坦然面对，不灰心丧气，保持乐观的心态，那么你的青春期就是你人生美丽的春天。

第3章

乳房初育：挺胸抬头秀出少女自信

不知不觉中，女孩的胸部发生了变化，它一天天地隆起来，而且稍不经意被撞一下就会痛入骨髓，女孩子对此羞涩不已，极力缩胸，尽量不引起别人的注意。这种害羞情结可以理解，但是从生理和审美角度上说，挺拔而高耸的乳房是少女成熟的表现，也是少女的天资之美，亦倍增了少女的魅力。因此，千万不要视美为丑，要抛开羞涩心理，挺胸抬头秀出少女自信。

胸部忽然有些胀痛

听妈妈讲故事：

几个小姐妹挤在文文的卧室里，不知道在讨论什么问题。妈妈敲门进屋，问文文的伙伴是否需要水果，但是却被文文不由分说地推了出来，她只得去忙自己的事情了。

文文探头见妈妈不在房间外，这才松了一口气，回到屋里又继续刚才的话题。她用手指指了指自己的胸部，说道："我的这里一天天地隆起来，常常觉得胸部发胀，真是羞死人了。"

看着文文那难受的样子，大胆泼辣的樱花觉得很好笑，她故意伸出一个手指头，轻轻捅了捅文文的胸部。"啊！"文文一下子尖叫起来，向后跳开去。倒弄得樱花不知所措，她迷惑地问："怎么了？"

"疼，你不知道，我的乳头后面有一个硬块似的东西，总是隐隐在疼，如果不小心让别人撞了一下就疼得要命。"

"不会吧？是不是乳房长了瘤子了？"年纪最小的春燕关心地问道，"我隔壁家阿姨就是乳房长了个瘤子，我听她跟妈妈说疼起来非常难受。"

"真的吗？"文文吓得花容失色。

“哈哈……”年纪稍大点的彩红和宇静笑得前仰后合，弄得樱花、春燕和文文莫名其妙。直到文文不高兴地说：“再笑就不理你们了。”两人这才停止了笑声。

彩红指指宇静让她解释原因，但是宇静害羞了，她摇摇头，又让彩红说明缘由。彩红推不过，大大方方地站起来，说道：“你们别大惊小怪了！女孩子如果不长乳房，那还叫女孩子吗？你们谁见过周围的女人没有乳房的？除非她是生了病。”

“对，我听我妈说那个阿姨就被切除了乳房。”春燕立刻说道。

文文看了看彩红和宇静，她们的胸部都已经隆起来了，她伸出手指了指，可是还没等开口，就被彩红和宇静把手打到一边去了。几个小姐妹哄堂大笑。

笑过之后，文文还是不解，她问道：“真郁闷，我的那里特别怕疼，稍一碰就受不了。上次上体育课，阿玉一下子撞到了我身上，我竟然疼得叫出声来，连我自己都觉得太娇气了。”

“是啊，我也一样，”这回宇静不害羞了，她打趣道，“你没听大人们说嘛，‘变化并且痛着’。它正在长啊，大概是什么‘细胞组织’很嫩吧，要不然不会痛。”

“宇静，我发现一个问题，你现在的背有点佝偻！”彩红认真地对宇静说。

“真的吗？”宇静有些难为情。

彩红点了点头，宇静又望了望其他的小姐妹，春燕和樱花都点点头表示的确如此，宇静有些难过，她立刻挺了挺胸，但是又害羞地缩了回去。

“我知道你为什么变成这样了！”文文像发现新大陆一样宣布道，“你胸部一天天变大，你不好意思，你又不想让别人看到你的变化，就不自觉地佝起了背，是不是？”

宇静仿佛遇到了知音，她有些感激地点了点头。文文说：“其实，我也不好意思。”没想到，彩红对此不以为然，她反驳道：“有什么可不好意思的？我倒觉得挺美。我妈妈说：乍一开始都这样，过一段时间就……就什么来着？哦，对了，我妈说的是‘认同感’，不管怎么说吧，就是慢慢地就好了，就不害羞了，而且还会觉得‘挺美’。”说着，彩红还故意挺了挺胸脯，惹得几个小姐妹都笑了起来。

笑过之后，宇静忽然很伤感地说：“我们都成女人了，不再是孩子了……”一句话未完，屋里陷入了一种别样的氛围，几个小姐妹互相对望着，眼神里既有欣喜又有失落，过了一会儿，樱花扮了个鬼脸，大家又笑了起来。

送给女儿的悄悄话

青春期乳房的发育标志着少女开始成熟，隆起的乳房也体现了女性成熟体形所特有的曲线和健康美，并为日后哺乳后代准备了条件。所以，一旦看到自己胸部发育起来，没有必要惊慌，这是正常的。

乳房有一个发生和发育的过程。无论男孩女孩，在胎儿期已经长出了乳头，但在出生后到青春期前，乳腺组织并不发育，直到青春期才开始发育。

乳房发育要经历以下五个阶段：

第一阶段是发育前期，年龄一般为8岁左右，表现为乳头突出；第二阶段为发育早期，年龄一般为9～10岁，表现为乳房、乳头小丘隆起，乳晕增长；第三阶段一般在11～12岁，乳房进一步发育；第四阶段乳晕超过乳房形成第二小丘，这时为13岁左右；第五阶段乳晕与乳房发育为一个小丘，并基本定型，年龄一般为14～16岁。这段时间腺体增生旺盛，直至基本成熟。

青春期女孩子之所以会觉得乳房有疼痛感，属于青春期胀痛，是正常现象，一般在乳房发育的乳蕾期都会有这种感受。初潮后，随着乳房的发育成熟，胀痛会自行消失。

女孩最早的乳房胀痛，一般在9～13岁时发生，这时女孩的乳房开始发育，会有轻微的胀痛感。

另外，女孩子在月经来潮前，有乳房胀满、发硬、压痛的现象，重者乳房受轻微震动或碰撞就会胀痛难忍。这是由于经前体内雌性激素水平增高，乳腺增生，组织水肿引起的。月经来潮后，这些变化会消失。这是乳房发育过程中的正常生理现象，而不是什么毛病。要知道，这种不舒服的感受不会伴你一生，它将在乳房发育成熟后自然消失。当然，在青春发育时期，在日常生活和活动中，你一定要尽量避免碰撞自己的前胸。

总之，乳房发育是女孩青春期必须要经历的一件事，不必为此烦恼，也不必感到羞涩，那是女性的魅力所在，爱自己，就要爱自己的身体。

戴文胸可不是为了勒紧胸部

听妈妈讲故事：

许蕊是个发育比较早的孩子，大约在小学四年级时，她的乳房就有了隆起的征兆，而那个时候，其他女同学却还没有开始发育。

许蕊觉得自己与众不同，就非常害羞，于是，她常把包扎伤口的绷带缠在胸部上，将乳房束起来，使胸脯看起来平平的，和别的孩子一样。而且，她尽可能穿宽松肥大的外衣，不显身材的这种衣服充斥着她的衣柜。

妈妈感觉很奇怪，因为许蕊很喜欢漂亮衣服，每次和妈妈出去，都缠着妈妈给她买最流行时尚的服装，每次都得妈妈苦口婆心地劝说，这不是学生应该穿的衣服，她才撅着嘴巴，不高兴地走开。怎么如今尽选择一些肥大难看的衣服呢？

敏感的妈妈仔细观察了一段时间，终于发现了许蕊的秘密。她有些好笑，但是又开始心疼，她告诉女儿：这样束着乳房，不但影响发育，而且可能还会引起疾病。许蕊不好意思地说："可是它一天天大起来了，怎么办？"妈妈又忍不住笑起来："你这么说，就好像你做了见不得人的事似的，其实没什么，都是这样的。"妈妈停了一下说："你现在还不能用东西来束缚它，而且它现在刚生长，也没有必要戴乳罩，你只要顺其自然，不多想就是了。"

许蕊点了点头，但还是满脸愁容，妈妈摸着她的头，心中感慨万千，这正是青涩的青春啊……

现在许蕊早就成大姑娘了，想起当初自己的举动来就感到好笑，但那时候可一点儿也不轻松。

送给女儿的悄悄话

女孩子之所以对乳房发育感到难为情，一个重要的原因就是有了"性"意识，因为胸部比较高，当别人看她时特别不好意思，为了掩盖自己外形"性"的痕迹，就穿紧身衣束胸，结果限制了乳房和胸廓的正常发育。

胸罩是友，束胸是敌。束胸会压迫乳房并使乳头凹陷，乳腺发育不良，会造成将来泌乳和哺乳的困难，也容易引起乳部疾病。

青春期发育时束胸有两大弊端：一是胸廓无法扩大，不但影响身材的美观，对健康也非常不利；二是胸廓内有肺、心脏、大血管、食管，这都是人体生存的重要脏器，束胸会限制这些脏器的增长，尤其是肺，它膨胀松软很容易被挤压，使肺活量变小，而肺活量小者，其体质也差。因此，在乳房发育的时候，千万不要束胸。

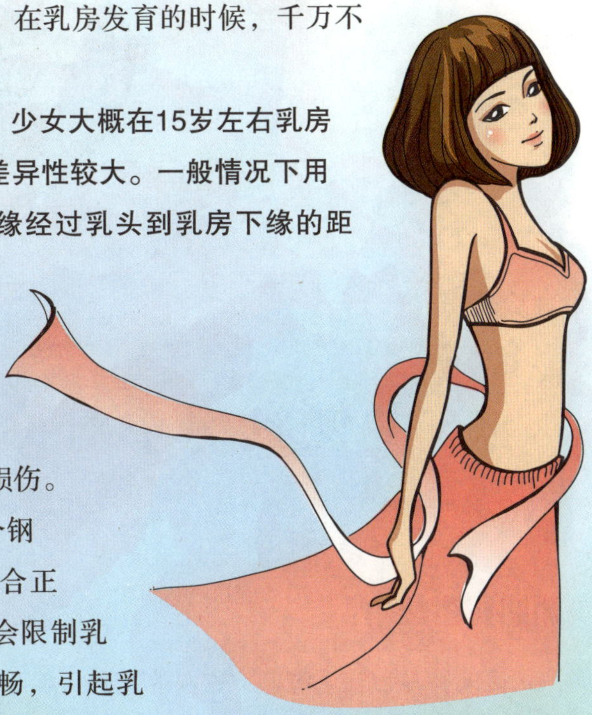

当然，可以戴胸罩。少女大概在15岁左右乳房发育基本定型，但个体差异性较大。一般情况下用软尺测量一下从乳腺上缘经过乳头到乳房下缘的距离，要是超过15厘米就应该戴胸罩。

合适的胸罩不仅可以承托高耸的胸部，还会保护乳房免受损伤。那种充填海绵的、带半个钢丝圈的定型的胸罩不适合正在发育的少女，因为它会限制乳房的发育，导致血流不畅，引起乳房疼痛。

胸罩不能太紧，但是太松也起不到支撑的作用。运动和劳动时，如奔跑、跳跃或打球等，乳房就会产生较大幅度的震动，不仅使人感到不适，还可以使乳腺受伤，因此胸罩应适当收紧些。

不管天冷天热，要养成常年戴胸罩的习惯，晚上睡前，要把胸罩取下，以免妨碍呼吸和血液流通。另外，胸罩应勤洗勤换。

小女孩一般会认为戴胸罩就是为了勒紧乳房，这是错误的，束缚乳房生长就是损害自己的健康和外部形象，千万不要做这样的傻事。

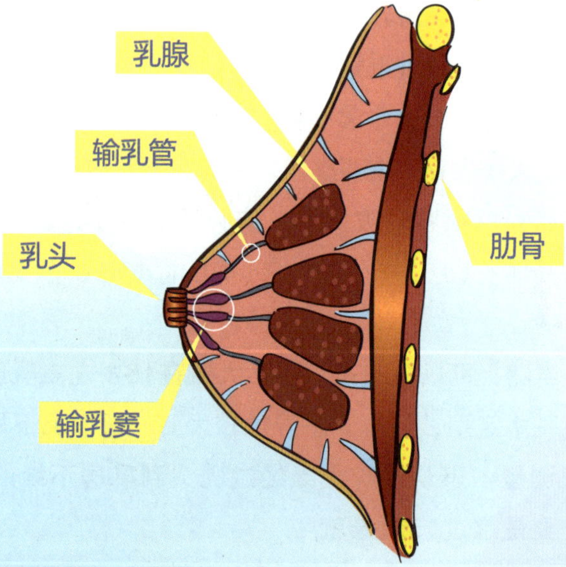

两侧乳房不对称怎么办

听妈妈讲故事：

这天，心怡放学回家，连人带书包往床上一扔，还一边长叹：“长大为什么是这样辛苦的一件事啊？”这句话恰好被妈妈听到了，妈妈微笑着逗心怡：“我的乖女儿也有了成人的感觉了？能跟妈妈说说你成人的感觉是什么吗？”

心怡从床上爬起来，把妈妈拉进卧室，搂着妈妈的肩头说：“妈，您也曾经是女孩，那当初，您是不是也赖着不想长大？”

“没有啊，我觉得长大很好，可以接触很多原来不能接触的事情。”妈妈认真想了想，说道。

心怡有些失望地把手拿下来，她撅着嘴说：“恐怕妈妈是骗人的吧。你为什么哄着我长大呢？让我在童年多待几年不行吗？”

“妈妈也希望你还是那个天真活泼的小燕子，现在你说着长大了，可是我看到的只是愁眉苦脸。有时候，我也想，与其如此，还不如不长大呢！”

“但是长大也没有什么不好，我认识了更多的人，也知道了更多的事情，而且对这个世界也越来越喜欢，总感觉四面八方都是很神奇的东西，就等着我去探索。”

“……”妈妈沉吟着。

“如果没有烦恼就更好了！”

“那么，你能跟妈妈说说吗？你都遇到了哪些烦恼？”

“……”心怡看了看妈妈，不好意思开口。

“让妈妈猜猜，是身体发生了变化？”

“你果然是我的妈妈，嗯，就是这样！”

“那么，是哪里呢？有不舒服的感觉吗？”

“这里，”心怡像点头一样眼睛快速地扫了一眼胸部，“就是感觉很不好，不知道是不是我有问题！”

“怎么了？”妈妈非常认真地问道。

“我知道它是该发育了，可是我的为什么就有一个发育，一个不发育呢？”

“是吗？妈妈看看……”

“我的一个乳房已开始长了，可那一个还完全是平的，非常沉得住气。我担心它不长了。也许我只能有一个乳房，不会有两个了。”

“所以，你沉不住气了？”妈妈笑着问。

“妈妈，”心怡娇嗔地推了妈妈一下，“您怎么笑话女儿呢？”

“没有笑话你。乳房这样的发育情况属于正常。还有的孩子两个乳房同时开始长，但两个大小不一样。这样并不表示长大了会不对称！”

“真的吗？”

“当然了。医学上也说，两个乳房一个先发育或者一个比另一个发育得快，都是常见的。尽管一个可能先长，但另一个最终也是要长的。到发育成熟了，两乳的大小会一样的。我们成年人有时也注意到自己的两乳不一般大，但这种差别并不太明显，除自己外，别人是觉察不到的。”

心怡仿佛松了一口气，但是她马上又说：“就是有些不好看。”

“青苹果看起来不如红苹果那样颜色更吸引人，但是青色也很不错啊。你不觉得它代表着一种成长吗？红色虽然好看，但已经没有了成长的余地了。”

“妈妈，原来成长着就是快乐着！”

“是啊！”

送给女儿的悄悄话

一些少女在乳房发育时会发现自己的乳房并不对称，有时一个乳房先长了，另一个乳房还是平平的；要么两个乳房同时开始生长，但大小不一样。其实，这都是常见的生理现象，不会影响以后的美观。

其实，所有女性的两个乳房都不是完全相等的，只能说大小相似。乳房的发育听命于雌性激素，对雌性激素敏感的乳房就长得大些，不敏感的乳房就小些。不光乳房如此，人的双手双脚也是如此，总是一个偏大些，一个略小些。一般来说，到乳房发育成熟了，两个乳房的这种差别就微乎其微了。

少女的乳房在发育过程中，可能会一侧稍大，一侧稍小，还可能一侧稍高，一侧稍低。这也没有什么不妥，随着发育不断进行，两个乳房会越来越接近。

但是，成人以后如果两侧乳房大小相差特别悬殊，就应去医院检查了。

总之，那是成人操心的事，你现在正在青春发育期，没有必要为两侧乳房发育不对称而忧心。青春是短暂而绚丽的，与其如此杞人忧天，不如去享受成长的快乐吧，等到长大的那一天，蓦然回首，你会发现你的青春就像一串闪亮的珍珠存在你记忆里。

你该如何保护你的乳房

听妈妈讲故事：

大牛和大帅一向是甜甜的死党，从小学一年级起，他们就是甜甜最有力的保护者，3个人在三年级时还给这个团队起了一个名字，叫“美女与保镖”，尽管他们对“美女”二字并不敏感，包括甜甜本人也是如此。

甜甜对自己的形象并没有任何保护意识，当3个人玩疯了的时候，她几乎可以和大牛和大帅一样，满脸是土，浑身是泥，与“美女”相去甚远，说她是“假小子”倒是名副其实。

可最近，大牛发现甜甜有些变了，她似乎有意识地避开他和大帅，放学后就一个人跑了，课间也不再找他和大帅玩了。

大牛想了想，自己最近并没有做什么得罪甜甜的事情啊，难道是大帅惹着她了？他就去找大帅，憨憨的大帅好像并没有发现什么异常，他满不在乎地说：“没关系，甜甜说这两天要筹划一项什么活动，看她真是很神秘呢！等着吧，不久以后，她就会给我俩一个惊喜。咱们三人组这么多年的交情了，你还不了解她吗？”

大牛半信半疑，可也不敢打搅甜甜。虽然甜甜的体质比他和大帅都弱，但是3个人在一起，甜甜才是头儿，她满脑子古灵精怪，一抖搂，就够3个人乐上半天。

可是就这样过了1个月，甜甜根本就没有向他们透露活动的意思，而且看甜甜越来越喜欢和女生在一起，这回大帅也沉不住气了。

放学后，大牛和大帅拦住了要独自回家的甜甜，甜甜显得很不耐烦：“干什么？你们想干什么？”

“甜甜，你不是说你要组织一个什么活动吗？可是我们等了这么久，你怎么一点动静也没有？难道你骗我们吗？”大帅非常不满地说。

“这个，啊，”甜甜有些窘，但是很快她就找到了原因，“我的活动就是要把自己变成女生啊！可你们两个是男生，我和你们在一起就会变成男生的，我可不想那样。”

“可是，男生和女生有什么区别呢？”大帅继续问道。

“当然不一样了，跟你们在一起，我会受伤的。”

“什么？跟我们在一起你会受伤？”这句话激怒了大牛，“难道说你忘了我们保护你的事情了？我们两个什么时候伤害过你？你这样也太侮辱我们两个了吧！”

“不是，”甜甜连忙解释，“就是女孩子已经长大了，再和男孩子玩就会受伤的，并不是说你们伤害我。”

“莫名其妙！”大牛余怒未消。

怎么解释呢？甜甜一下子犯难了，她想起那天，和大牛大帅3个人在空地上跑来跑去追一个“飞盘”，那不是什么专用的，是甜甜从家里拿的一个钢锅盖。

说来好笑，放学后3个人商量玩什么，这时大牛看到了有人在玩飞盘，可是他们3个人都没有，要去买也来不及，这时候点子多的甜甜就说把自己家的锅盖拿来代替。

锅盖虽然有些“笨”，不像“飞盘”，可也正因为如此，给3个人增加了很多笑料，3个人玩得忘乎所以。锅盖来了，甜甜想去接，可是大牛的动作更快些，他迅速出手，横空把锅盖接住了，可就在收手的时候，一下子撞到了甜甜的胸部，甜甜疼得一咧嘴，但是没敢出声。因为这样的玩耍碰撞是难免的，她可不愿意大牛和大帅把自己当成弱者嘲笑。他们又接着玩，尽管甜甜有意识地保护自己，可是那两个愣头小子根本就没有注意到，他们眼里看到的都是在飞旋的锅盖。

晚上，甜甜就感觉非常难受，晚上睡觉居然呻吟着说“疼”，早上妈妈询问到底怎么了，甜甜含含糊糊地说胸有点疼。没想到妈妈非常重视，仔细询问了缘由，然后告诉甜甜，胸部正在发育期，一定要保护好它，让它免受碰撞和挤压，否则出现问题就不是呻吟的事情了。正是这个原因，甜甜决定不再和大牛、大帅玩了，可是这样的理由她怎么跟这两个人解释呢？甜甜犯难了。

“大牛、大帅，我不会和你们一起玩激烈的游戏了，至于为什么，你们问问你们的妈妈就知道了。但是你们还是我的好朋友，我还是喜欢你们的。”

说完，甜甜就走了，留下了发愣的大牛和大帅。

送给女儿的悄悄话

乳房的保护与保健是女性青春期卫生的重要事情之一。青春期女孩应认识到：此时乳房发育是正常的生理现象，也是健美的标志之一，应加倍保护自己的乳房使之丰满健康。具体应做到以下几点：

第一，避免外伤。在劳动或体育运动时，要注意保护乳房，避免撞击伤或挤压。

第二，若发现乳房过小或过大、双侧乳房发育不均、乳房不发育、乳房畸形以及乳房包块等现象，不必惊慌失措。一是可通过运动促进胸肌发达，使乳房显得丰满，如适当多做些扩胸运动或俯卧撑，扩胸健美操等；二是在医师指导下进行适当调治。

第三，注意姿势。平时走路要抬头挺胸，收腹紧臀；坐姿也要挺胸端坐，不要含胸驼背；睡眠时要取仰卧位或侧卧位，不要俯卧。

第四，由于内分泌的原因，每当月经周期前后，可能有乳房胀痛、乳头痒痛现象。这时千万不要随便挤弄乳房、抠剔乳头，以免造成破口而引发感染。要经常洗乳头、乳晕、乳房。因为乳晕上有许多腺体，会分泌油脂样物质，它可以保护皮肤，但也会沾染污垢，产生肿块等，因而要保持乳房的清洁卫生。

第五，局部按摩。坚持早晚适当地按摩乳房，促进神经反射作用，改善脑垂体的分泌。

第六，注意饮食营养。青春期女孩不能片面地追求曲线美而盲目地节食、偏食，适量蛋白质食物的摄入，能增加胸部的脂肪量，保持乳房丰满。

虽然女孩子没有必要从激烈的活动中完全退出，但是一定要注意保护好自己，同时跟妈妈学习一些乳房发育和保健的卫生知识，让身体更健康、更有型。

妈妈为你选了内衣

听妈妈讲故事：

花馨像其他正在长大的女孩子一样，也有了明显的变化。妈妈的眼光老是盯住她的胸部，好像在研究什么，弄得花馨很恼火。她心想：如果你不是我的妈妈，我一定对你怒吼：有什么好看的！

花馨平时穿校服，因此妈妈非常省心，不用为她买儿时那种花花绿绿的衣服。可是今天妈妈拖她去百货商厦，说是要给她买衣服，奇怪！

二楼是女装部，就在花馨欣喜地看着一些漂亮的花裙子时，妈妈却径直朝内衣柜台走，边走边说，你到了该戴胸罩的年龄了。花馨一下子扭捏起来，她低头看看自己的胸部，这些日子似乎变化很大，由于害羞，整天佝偻着身子，好像矮掉了一截。其实班级里已经有女同学戴胸罩了，可是花馨从来没有打算过，总觉得太露骨了，特别现在是夏天，戴胸罩非常明显，让人觉得不好意思。

花馨就迟疑地站住了。妈妈走出去很远，发现花馨没有跟上来，她又回过头来拉花馨，花馨显得很不情愿，她嘟囔着："妈妈，那多难为情啊？我真的还没有长那么大嘛！再等我长大些吧。"

妈妈笑了："如果现在不戴，慢慢的，你的胸部变形了，那时候想戴可来不及了。"

"还会变形啊？"

"当然了。"

花馨无奈，只好跟在妈妈身后，挪着步子走。

妈妈看着她的样子觉得好笑，可是也任由她，自己一排一排仔细斟酌起来，一边选还一边跟花馨说，棉质的很舒服，尼龙的很漂亮，蕾丝花边的虽然好看，但是有人的皮肤对它过敏，也不适合少女。

选了半天，妈妈看中了一件粉红色棉质带花边的式样，营业员取了最小的号码让花馨去试衣间试一试。花馨的脸一下子涨得绯红，很不好意思地关紧门，一穿上身，却发现戴上胸罩使自己胸部的曲线更优美了。她不由得在地上跳了一下，胸罩一点也不累赘，紧贴在身上，使得胸部没有原来那么疼了，但也没有束缚感。花馨很得意，这样，以后上体育课跑步什么的也不会有"不雅观"的顾虑了。其实，老师曾经跟女同学们说过，合身的胸罩能保护胸部，使胸部更健康地发育。看样子，老师和妈妈的话没错。

花馨美滋滋地出来了，看到妈妈用欣赏的眼光看着自己，她感觉很甜蜜。“我真的要长大了。”回头又看见试衣镜里胸部的曲线，很好，有点大姑娘的感觉了。

妈妈又为花馨选了一款内衣，才结束了购物。回家的路上，花馨挽着妈妈的手，她非常感谢妈妈，真想搂着她的脖子亲她一下，然后撒着娇表示感谢，可是很快，她就决定，不那么做吧，我已经长大了。

花馨显得很自信，挺胸抬头神气地走在妈妈身边。她在想：“明天，我将穿着它去学校，不知道会不会有同学发现我的变化。

送给女儿的悄悄话

我们前面已经说过，女孩子到了十五六岁后，乳房便逐渐发育成半球形，丰满而轮廓清晰，形成了胸部曲线，这时候，就应该开始戴胸罩。如不用胸罩支持乳房，就会使乳房下垂。

胸罩的好处多多，它不但使人身形美观，还能保护乳房。戴上胸罩后遇到磕碰或活动时，乳房不至于受损；更主要的是，胸罩能托起乳房，使乳房不至下垂。

一般的母亲都会引导和帮助青春期孩子选择穿戴适宜的胸罩，但女孩子也应该了解一下选择胸罩的方法。

一般来说，商场都会有专门的少女胸罩。少女内衣系列多采用纯棉材质，优质的弹力棉给予肌肤贴心的呵护；T背心式设计以把胸部充分包裹，不会使乳头凸显并备有相应的依托，没有紧箍的感觉；穿着柔软、舒适，能完全适应长期身体的变化。

另外，还有专为乳房还未发育起来或是刚刚开始发育的女孩设计的少女胸罩，其乳罩杯通常是统一的型号，由弹性材料做成，以便适合于不同身材。可是，如果你的胸形尺寸太大或太小，这种统一型号的胸罩就不适合。

胸罩尺寸由两部分构成：一部分是数字，从28到44之间，表示胸围的大小；另一部分是字母，从A到E，表示乳罩杯的大小。还可以用两个A（AA）或三个A（AAA）来表示特别小，而用两个E（EE）表示特别大。

那么怎样确定你的正确尺寸呢？你可以先量一下乳下胸围，然后加上13厘米，得到一个结果。这就是你应该选的胸罩大小的尺寸。举个例子，如果你乳下胸围是69厘米，那么加上13厘米后，是82厘米，这便是你要买的胸罩的尺寸。

接下来，就应该确定胸罩的型号。这时候你需要量胸部的最大围长，量尺要经过乳头测量，这个尺寸一般也称为过乳胸围。然后拿这个尺寸与上面的结果比较。如果胸罩尺寸比过乳胸围大，你需要AAA胸罩；如果二者几乎相同，胸罩型号应为AA或AAA；如果过乳胸围比胸罩尺寸长了3厘米左右，则应选A型；长5厘米左右，则选B型；长7厘米左右，应选C型；长10厘米左右，则选D型；长13厘米时，则要选E型；如果比15厘米还长，那就必须到专门商店里选购加大的型号了。

也许你听说过加垫胸罩或假乳罩吧。加垫胸罩的乳罩杯里有一层棉花或海绵的衬垫，戴上会使乳房看起来比实际的更大些。假乳罩则是在乳罩杯里嵌入乳房状的东西，使乳房看起来更大些。但是对于青春期的女孩子来说，这两种胸罩都不适用。

其实，大多数女孩很早就知道了青春期就要开始戴胸罩了，有不少女孩也非常想戴，但就是难为情，向妈妈张不开口。其实，你大可以开口，毕竟妈妈是理解你的，她也经历过青春懵懂期。

胸罩是胸部的时装，用以保护健康及修正女性乳房线条，它是女孩子不可或缺的衣服。你应该早一点懂得何时该选择胸罩，以及怎样选择胸罩。

第4章

女人月事：认真款待你的『好朋友』

在成年女性的身体里，每天都在发生着非常奇妙的变化，其精密和完美，胜过世上最灵巧的工匠制造的机器。这种变化的外在表现就是女人的“月事”。进入青春期后，初潮来临，女孩子就开始了与月事相伴的日子，但是这样的日子有时候充满了痛苦，肚子痛、乳房痛，甚至头痛、情绪不稳等，于是女孩子们把月经叫做“倒霉”。其实，就如潮涨潮落一样，月事是女性生理的一种韵律，它应该是“好朋友”，需要认真款待。

为何有人称呼月经为“倒霉”

听妈妈讲故事：

小钰回到家里，爸爸妈妈都不在家，她既有些失落，又有些欣慰，她想见到妈妈，和她说说话，可有时候真站在妈妈面前，她又觉得无从说起。

她放下书包，去桌上取杯子，想喝点水，却发现桌上有一张字条，那显然是妈妈的笔迹。小钰拿起来读道：

> 小钰，你这两天情绪这么不稳定的原因，妈妈猜想是月经来潮前的情绪问题，你好好算算，“好朋友”是不是快来了？其实，这并不是什么严重的问题，你不要太紧张。

小钰想了想，上个月的20号来的月经，今天已经19号了，难怪这两天感觉怪怪的，有一种说不出来的难受。小钰有些感动，还是老妈好，她真是细心啊。可是，她居然把月经叫做“好朋友”，我可不这么认为，每次月经都像恶魔一样，把我折腾得死去活来。弄得我现在谈“月经”色变，我和同学们一直认为“倒霉”应该是月经最好的称呼。

想到这里，小钰又接着读下去：

> 妈妈知道你把来月经视为“倒霉”……

呵呵，妈妈还真神奇，居然知道我的想法，本来也是，每次我难受的时候，她在旁边也很难过的样子，既然知道这样，难道我叫它"倒霉"还不对吗？小钰又继续读：

> 其实，月经是一种正常的生理现象，这你们的生理老师肯定也说过，如果已经长成一个女人了，却还没有来月经，那才真是"倒霉"的事呢，她肯定是有病了。

没错，有道理，可是我为什么就不能舒服地度过那几天呢？小钰又迫不及待地读下去：

> 女儿啊，只要你放松，不要多想，顺其自然，就不会觉得很难受了。

哦，看来，连大人也有这样的烦恼啊。其实想一想，那几天似乎也没有那么难过，只是以前都感觉很紧张、恐惧，不能安心。对了，我该准备卫生巾了。希望这一次我能安然度过这几天。

送给女儿的悄悄话

月经，又称作月经周期，是生理上的循环周期，月经又称为月事、月水、月信、例假等，《古今医统》上称月经为天癸。近年来，对月经的俗称有所增加，如坏事儿了、倒霉了等，特别是一些青春期女孩子，因为月经期总是与痛苦相伴，因此就更加不待见它。

一般女性月经期无症状，少数人可有下腹或腰骶部下坠感、乳房胀痛、便秘或腹泻、头痛等不适，一般不影响日常的工作、学习及生活。因此有一些女性感叹道：女人要是没有月经这个麻烦，日子会好过得多。青春期女孩的痛苦可能会多些，只要不是病变，也都是可以忍受的。

而月经其实是给我们生理状况的一种信号。

第一，可使人早期发现疾病。

如果女孩已过18岁仍无月经来潮，称为原发性闭经；女性过去曾有过正常月经，现停经3个月以上，称为继发性闭经（不包括因妊娠、哺乳、绝经所致），这就需要检查身体的健康状况了，要检查是否有生殖道下段闭锁、先天性无子宫或子宫发育不良、卵巢肿瘤、脑垂体肿瘤或功能低下、内分泌或消耗性疾病。除此以外，月经的时间、量、伴随症状等的变化也是发现和诊断许多疾病的重要线索。

第二，可促进造血功能。

月经引起机体经常性地失血与造血，使女性的循环系统和造血系统得到了一种男性所没有的“锻炼”，它使女性比男性更能经得起意外失血的打击，能够较快制造出新的血液以补足所失血液。实践证明，体重、健康状况相同的男女，因意外失去相同比例的血，男性会因此而致死，而女性则有抢救成功和最终康复的可能。

第三，月经可避免过量铁的伤害。

人的身体有一种称为血色素沉着症的遗传性疾病，患者容易引发铁元素代谢失调，身体内会积聚过多的铁，铁过量会缓慢地导致皮肤、心脏、肝、关节、胰岛等处的病变。医学证明，治疗铁过量的方法之一就是定期排放一定量的血液。月经就能起到这样的作用。因此，血色素沉着症引起的器质性损害在女性身上出现的机会大大小于男性，甚至几乎不发生。也就是说，月经周期性的失血正好消耗掉了过量的铁。

总之，月经是女人的好事，从心态的角度来说，也没有必要叫它“倒霉”，倒不如把它当做一个老朋友，善待它，放松地接受它，你会发现，其实它也没有什么不好。

月经前不适怎么办

听妈妈讲故事：

那几天不舒服倒也罢了，可是有的女孩子，在月经前也会感到很不舒服，月月就是这样的女孩子，每次例假前半个月左右，她就感觉手脚发麻、无力、犯晕，感觉很虚弱，还伴有恶心症状。

妈妈为此忧心忡忡，可是去医院检查，医生却说没病，这是“经前紧张综合征”。月月的妈妈并没有这种情况，所以她不理解这到底是怎么回事。

医生告诉月月的妈妈："据心理学家调查研究发现，约有一半以上的健康女性在月经期间或轻或重地出现情绪上的变化。这种情绪变化发生在月经来潮的前几天。除了身体的不适外，易出现程度不同的情绪反常，如情绪低落、心烦意乱、好发脾气、注意力不集中等不良情绪，稍不如意就火冒三丈。这就是医学上称的'经前紧张综合征'。"

医生还说："有的孩子例假前一星期左右会便秘，会比平时显得胖，而且每次都非常有规律。"

月月的妈妈放下心来，月月却更加苦恼了，她问道："难道我这一生一半的时间都要生活在这样的痛苦里吗？"

医生被逗笑了，说道："怎么会呢？其实还是有解决的办法的。"

"什么？"月月的妈妈似乎比月月还紧张。

"保持愉快的心情！"

"就这么简单？"月月简直不相信自己的耳朵，这个医生是不是在骗人啊。

"当然，也可以服用药品，但是最好的调节还是自然调节。"

"本来身体不适就高兴不起来，怎么办？"月月挑衅地问道。

"一方面，你要自己学会调节，人生必须要面对的苦恼很多，你都必须要克服。另一方面，"医生说着，转向了妈妈，"作为妈妈，你也有责任让女儿保持愉快的心情。"

月月的妈妈连连点头，说道："嗯，当然，我会注意的。"

送给女儿的悄悄话

一般来说，少女经前不适还是很少，但也不是没有。那么，一旦出现不适感，怎么办呢？

第一，可以用药物。美国相关研究指出，维生素D和钙质能缓解经前期综合征。

马萨诸塞州的伊丽莎白·勃通·约翰博士进行了一项大型的名为“护理健康研究”的调查。研究为期10年，调查对象是1057名已经诊断为经前期综合征的女性，她们的年龄在27～44岁，以另外1968名没有症状的女性为对照。研究发现，每天补充1200毫克的钙质和400国际单位的维生素D能减轻焦急、孤独、激动、悲伤、紧张等情绪，减少40%的发生经前期综合征的危险。

但是摄入钙质和维生素D，最好通过食物。比如，每天吃4份低脂乳制品就是一个非常好的选择。此外，食用奶酪或者强化橘汁也不错。少女此时多食用此类食品，以后出现经前综合征的概率也会比较小。

第二，尽量减少刺激。

在来潮前有意识地避免一些不愉快事情的刺激，谨慎从事，不跟人争吵、斗嘴，少接近那些性格粗暴的人，保持愉快的心情。

第三，学会自我控制情绪。

青春期的另一层含义就是长大，一个长大的孩子应该学会对自己负责，也应该学会控制自己的情绪。

在生活中有时难以避免挫折，有时会遇到令人气恼的、不顺心的事，在这时要学会自我控制，多替别人着想，多做自我批评，不能任性胡来，意气用事，或自卑、悲观。同时，有了不良情绪时可有意识地转移注意力，如找朋友谈谈心聊聊天，宣泄一下，或看看电视，听听音乐，读些幽默的作品，从而淡化、转移不愉快的情绪。

第四，调节饮食习惯。

医学证明，吃太咸的食物可能会让女孩子在经前甚至行经时感到不适。因为过咸的食物会使体内的盐分和水分储量增多，从而造成在月经来潮之前发生头痛、激动、易怒等现象。因此不妨经常多吃一些开胃、易消化的食物，如枣、面条、薏米粥等。

总之，保持愉快的心情，一起都会好起来，这是永远不变的至理名言。

肚子疼，怎么办

听妈妈讲故事：

小水趴在桌上，不知道在干什么。这可是上课时间，虽然讲台上面的老师没有发现，可不能不提醒她。同桌丽娜想着，捅了捅小水。

小水扭过头来，丽娜吓了一跳，只见小水脸色煞白，额头还有汗珠，她几乎是呻吟着说："现在，我的肚子好疼呀……"

"'好朋友'来了？"丽娜也趴在桌上问道。

这时候，老师已经注意到了这两个趴在桌上的孩子，她喊了一声：

“小水、丽娜，注意听讲。”

丽娜一下子弹起来，连她自己也吓了一跳。老师问道：“怎么了，有什么问题吗？”丽娜嗫嚅道：“老师，小水不舒服……”

小水已经连说话的力气都没有了。老师是个年轻的女教师，她走到小水跟前，摸了摸她的头，又看了看她的脸，小声询问了几句，就对丽娜说：“你扶着她去校医室一趟。”

丽娜答应着扶起小水来。小水身子软绵绵的，额头的汗珠子又加了一层。“哎哟……真的好难受……我要死了吗？”

到校医室这段路程从来没有这样长过，似乎过了一个世纪，小水终于见到了那个态度温和的校医。

校医看到小水这副“痛苦不堪”的样子，询问了一下情况，立刻安慰道：“别担心，这是‘痛经’，大部分女孩都会有痛经。”

“天呀，难道每次来月经时，都要这么痛吗？”小水苦着脸，显得极度虚弱。

校医笑着摇摇头，说道：“女孩痛经的原因有很多，你别担心，我现在给你敷个热水袋。”

“为什么要敷热水袋呀？”正在小水纳闷的时候，校医已经拿来了热水袋，然后小心翼翼地把它放在小水的肚子上。

嘿，还真别说，没过一会儿的工夫，小水的疼痛就减轻了许多。

看来，不用担心自己就这样结束年轻的生命了！

送给女儿的悄悄话

对很多女孩来说，痛经常常使她们烦恼。往往从经前一两天起，就有一阵阵的腹痛、腰酸感，较重的连肛门、外阴也牵连着痛，还有恶心、呕吐、四肢发冷等症状，更重的甚至卧床不起。

因此有的孩子对此非常担心，月经既是一种生理现象，按理就不应产生疼痛。一般的女孩子只有少许不适或稍有疼痛，那不叫痛经，只有下腹痛得厉害，不能正常地生活和劳动的，才可归入痛经范畴。

那么，为什么一些女孩子从初潮起就会出现痛经呢？

古希腊人认为痛经是经血流出不畅的缘故，所以他们想法去“扩张”子宫，以减轻痛感，这样的做法的确有效。有些人则认为痛经是由排卵所引起，于是采用雌性激素治疗。更有人认为，这大概与子宫颈上专管疼痛的神经有关系，之所以会这样认为，是因为不少女性结婚后，痛经也就逐渐减轻并消失，主要在于子宫颈上的疼痛神经被损毁了一部分。

最新的医学研究表明，当前列腺素分泌过多，使得子宫供血减少，肌肉因缺血而产生疼痛感，这时候就出现了我们说的痛经。当然，子宫发育不良或生殖系统的病变，也是痛经的原因。比如，原发性痛经也称功能性痛经，主要由子宫口狭小、子宫发育不良等原因引起；继发性痛经多数由疾病引起，如子宫内膜异位症、盆腔炎、盆腔充血、生殖器官肿瘤等。

但是对于青春期的女孩子来说，痛经并不可怕，往往一两天就过去了，日后也常能不治而愈。所以首先要精神上放松，再对症处理，它是可以防治或大大缓解的。如若心有恐惧，误以为“来月经一定要痛”，这种不适就会加重，疼痛感会更强。

有些妇女发现按摩下腹部或者使用电褥子、暖水袋对痛经有缓解作用，实际上这样做，等于在做血液疏通，所以治肚子疼会比较有效。

如果实在很痛，也可以使用药物，目前虽然还没有找到根治痛经的好方法，但医学认为维生素E能治痛经。

《英国妇产科学杂志》曾经公布了这样一条消息：伊朗研究人员发现，在月经开始前2天到月经的第3天，每天服用5片维生素E，有助于缓解痛经症状。研究人员说，痛经与月经期间体内的前列腺素水平有关，由于维生素E能抑制前列腺素的合成，因而可以起到治疗痛经的作用。对于青春期女孩来说，可以尝试一下这种治疗方法。

这里要注意：服用止痛片、复方颠茄片、阿托品等药物，仅是对症而已。由于口服避孕药可以调节月经周期，减少月经量，因此很多医院会采用服用避孕药的方法治疗痛经。但这些都是治标不治本，而且很难保证不产生副作用，因此，最好慎用。

俗话说，“是药三分毒”，只要不是疼痛很严重，就不要依靠药物来解决症状。在不适时，轻揉小腹，或者多晒太阳，多喝开水，保持好心情，这对于缓解疼痛都有一定的帮助。

月经来了，上体育课吗

听妈妈讲故事：

铁子怎么也想不明白，为什么那些女生健健康康就可以不上体育课？而自己的小腿胫骨受伤了，老师却说什么怕血液循环不佳，让他多运动。尽管医生也同意这样的做法，可是铁子就是不服气，为什么她们女生就可以不上体育课？

铁子跑在队伍里，眼睛却狠狠地盯着那些自由活动的女生。铁子本不是一个嫉妒心强的男孩子，只是他最讨厌体育活动，因为小时候和父亲一起在球场上玩时被球打断了一根手指，自此只要提到体育活动就十分厌烦，总是想方设法能躲则躲。

因为没吃早饭，加上感冒刚好，铁子跑了两圈，就有些跟不上了，开始气喘吁吁。后面的亮亮身体素质很好，他可看不惯铁子的这副样子，他推搡了铁子一下，说道："你能不能快点？像个女孩似的！"

这一下铁子火了，他回头瞪着亮亮说："我要真是个女孩，我就不用上体育课了！"这话伤人太多，立刻引来很多女生的围攻，铁子招架不住了，跑到一边停下来。

在操场中间的体育老师马上喊道："铁子，你可别想着偷懒啊！"

铁子带着哭腔说道："我就不能不上体育课吗？她们女生为什么可以有这个特权？"

体育老师已经走过来了，他看着铁子，说道："你这个铁子，为什么就铁不起来呢？你不觉得这样说很丢人吗？"

"我也很能跑，其实我就是不明白为什么她们女生就可以不用上体育课？"铁子有些不好意思，连忙掩饰道。

"女生是有特殊情况，不能进行激烈活动，不能上体育课。"

"什么特殊情况？"铁子瞪着大眼睛，迷茫地问。

"这个，你以后就知道了。快点儿，跟上队伍，你越不锻炼，身体可就越差，慢慢地，你真的连女孩子都不如了。"

铁子抄近道快跑着去追队伍，可是他还是不明白，女生为什么就不用上体育课呢？

身后，几个女生唧唧喳喳地嘲笑着铁子。她们也在悄悄地议论着，哪一天经期才结束呢？那时候就可以自由跑跳了！

送给女儿的悄悄话

一般来说，女孩在月经来临之时，没有必要禁止参加体育活动，只要不是严重的痛经、血量过多或功能性子宫出血，就可以在月经期参加适当的体育活动。适当的体育锻炼，能有效地提高或者改善人体的机能状态，促进血液循环，特别是能够改善盆腔内生殖器官的血液循环，减少充血。另外，在体育活动时，腹肌和骨盆底肌肉可以得到一定的收缩和舒张活动，对子宫能起柔和的按摩作用，这对经血的排出非常有利。再加上适当的锻炼可以调节大脑皮层兴奋的抑制过程，减轻全身的不适之感，因此经期适当地运动对身体是有益的，并不是说女孩子来月经了就完全不能上体育课。

但是，剧烈的运动将会给身体各部分带来影响，包括女性生育系统。当女性突然增加运动量的时候，她们通常可以明显地觉察到经血量的变化以及女性经期不适感觉更加明显。长跑队员、体操运动员以及舞蹈演员因为经期大量的运动，发生闭经的概率非常高。

这也就是说，在月经期间可以运动，但是激烈运动和大量运动还是不太适合。与平时相比，女孩子在这个阶段运动负荷要适当减少，运动的时间不宜过长，运动时要避免做用力过猛、腹压过大和带有屏气的、静力性的练习，还有震动大的跑跳动作也应尽量避免。

来月经的第一二天可做少量轻微的活动，如徒手体操、健美操等。也就是说，可以参加运动量不大的徒手上肢锻炼、打乒乓球、原地投篮和托排球等活动。但要避免参加能引起腹压增加和使腹部震动剧烈的运动，如俯卧撑、仰卧起坐、侧向推铅球、快跑、跳高、跳远、跨步跳等。

排球运动中的跳起扣球，篮球运动中的跳起投篮，体操运动中的一步起跳、后倒成桥、俯卧撑动作，田径运动中的长跑、加速跑、跳高、跳远、侧（背）向推铅球等，这些练习和动作会使腹压明显增高，子宫受压而造成经血过多，甚至造成子宫位置的改变。因此，这样的活动要尽量少参加。以后随经血量的减少，可逐渐加量至恢复正常锻炼。

凡月经期有明显的腰酸背痛、下腹疼痛和全身不适、月经过多、过少或过频、月经期延长、内生殖器官有炎症性疾病的女孩子，就不要参加体育课了。

总之，月经期不宜参加剧烈运动和比赛，以免会突然闭经或经期混乱，影响身体健康，但是也不能一动不动，适当的活动，哪怕是散散步，对身体也是有好处的。

心情不好可导致月经病

听妈妈讲故事：

茜茜的期末成绩很糟糕，爸爸于是取消了她去国外游玩的计划，勒令她暑假补课。茜茜听到这道命令很难过，但是爸爸说得很有道理，她连反驳的理由都没有，而且妈妈也不站在自己这一边，这更增添了她郁闷的指数。

茜茜回到自己的屋里就哭了起来，想想自己真的很委屈，好不容易从爸爸那里争取到了出国旅游的机会，而且自己几乎一个学期都在期待这一天的到来，但是最后一切都随着父亲的训斥声付之东流，叫她怎能不伤心呢？

茜茜在屋里待了3天才出屋，脸色显得非常憔悴，本来爸爸妈妈安排好了两人去游玩，见茜茜反应如此强烈，也就改变了计划，告诉她：只要她下学期能够提高名次，那么旅游就改在下学期。但是，茜茜似乎并不像想象的那样高兴，妈妈很奇怪，不知道茜茜到底怎么了？

其实，茜茜的成绩差并不是因为不努力，而是因为考试那天同学王明把她的笔盒给掉到水里了，因为王明曾经说过他喜欢她，可是她没有理睬他，王明非常气恼，就故意在考试这天要整整她。这使茜茜开考半天都没有答卷，直到老师从另一位同学那里借来了笔。

再加上考试那天，那个喜欢她整天围着她转而她也不反感的高海早早就交了卷子，就站在窗台边看着她，而茜茜恰好坐在窗户边，这使茜茜不能安心答卷。

可是这些事情她不能跟爸爸妈妈说，因为他们曾经谆谆告诫：绝不能早恋。无论是王明，还是高海，都是禁区，绝不能和父母谈的，所以茜茜只好忍着。

茜茜的憔悴不光是为了旅游没有兑现，更是对王明和高海的气恼，可是她又不知道该怎么应付，一团阴云老是压在胸中，排解不开。

妈妈心疼女儿，就悄悄问道：“是不是‘好朋友’来了，怎么情绪一直这么低落？”

茜茜忽然想起来，自己的月经周期是35天，她算了算，现在已经39天了，怎么还没来……乳房一直胀胀的，心情也一直差差的。

她一下子害怕了，她经常听妈妈说有的女孩子不知道检点，和男孩子随便交往，结果小小年纪就怀孕了，影响了身体的发育不说，还耽误了前程。

“妈妈，我是不是怀孕了？”茜茜一下子哭起来。

妈妈吓得脸都白了，真是怕什么来什么，她厉声问道：“你怎么做出这样的事来呢？”

“妈妈，我什么也没有做啊！”茜茜有些无辜，同时她对自己刚才脱口而出的话也有些后悔，自己并没有和男孩子接触，怎么会怀孕呢？应该不会。

妈妈也冷静下来，想一想，女儿就生活在自己眼皮底下，上学放学，并没有什么出格的事发生。也可能是因为这段时间心情不好造成月经推迟。为了以防万一，妈妈详详细细地询问了茜茜，确定她确实没有和男生有来往才作罢。

询问虽然结束了，可是茜茜的心理负担却加重了。妈妈虽然告诉她说不要急，要保持心情愉快，可是她还是显得很焦急，每天都上厕所查一查，它越不来，就越担心，心情就越不好，几乎形成了恶性循环。

一星期后，茜茜妈妈也沉不住气了，她只好带着茜茜去找医生。医生详细检查了茜茜的情况，并没有发现异常，又询问了茜茜的近况，最后得出结论——经期紊乱。并且告诉茜茜妈妈，一定要好好安抚女儿，出现经期紊乱，大多数情况都是因为心情不好，紧张、压抑，使得月经周期也受到了影响。

回家后，妈妈就和爸爸商量，要带着茜茜出去玩一玩，但是爸爸不同意，怕影响自己以后的权威。妈妈说了做出这样决定的原因，爸爸想了想，把茜茜叫来，和颜悦色地问道："爸爸知道你很努力，而且知道这不是你的真实成绩，你是不是受了什么委屈？如果你受了委屈，爸爸妈妈不知道，那你就会感觉更委屈的。其实，爸爸妈妈都是过来人，多少也知道你的一些迷惑，但是如果你能够说得更具体些，那么我们就能把它彻底解决掉。"

一番话说得茜茜落下泪来，但是她还是不敢直接说王明和高海的事情，只说学校里有些男孩子有欺负人的倾向。妈妈一听就急了，问道："谁？你跟我说谁？我去找他家长去。"爸爸给妈妈使了个眼色，又转回头问茜茜："他们或许有点喜欢女生的意思？我知道，男孩子这个阶段都开始有喜欢女生的'野心'了。"

茜茜低头不语，妈妈连忙凑过来，问道："他们喜欢你，就来骚扰你吗？说实话，你有没有要和男生交朋友的意思？"爸爸一把把妈妈拉到一边，茜茜早哭出了声："没有，我怎么敢去喜欢男生？"

爸爸抚摸着茜茜的头说道："哎呀，我们茜茜长大了，妈妈爸爸一直强调不能早恋，看来让我们的'小公主'产生压力了！"

“你什么意思，难道允许孩子早恋？”妈妈不愿意听了。

“你这当妈的，自己女儿什么样还不清楚吗？她知道控制自己。”

爸爸转回头，拉住茜茜的手，说道：“其实，这个时期，喜欢男生没有错，所以没有必要产生罪恶感，被男生喜欢更没有错，只要你能把握个度，知道自己现在的角色就可以了。”

茜茜觉得好温暖，以前爸爸总是一副很严肃的样子，茜茜有什么事情都不敢跟他说，而妈妈又一直强调不能早恋等，这才让茜茜感觉很压抑，看来爸爸并不是这样的。茜茜一下子放松了。

在随后的几天里，爸爸妈妈陆陆续续知道了茜茜的遭遇，他们非常同情茜茜，爸爸也告诉了茜茜应该怎样应对，茜茜渐渐露出了笑脸。妈妈趁机说道：不如这样，我们这周就去旅游吧，至于怎么解决问题，我们回来再说。茜茜跳起来欢呼，她搂着爸爸妈妈，感觉幸福极了，爸爸妈妈都是自己的好朋友啊。

这以后，茜茜妈妈非常注意和女儿的沟通，而茜茜再也没有犯过经期紊乱的毛病。

送给女儿的悄悄话

月经期女孩子要保持心情舒畅、情绪稳定、乐观，过度紧张、焦虑都可能形成月经周期紊乱。时间长了，还会引起其他病变。因此，女孩子们一定要注意。

一般内向的女孩子容易发生月经紊乱，因为有心事不愿意说出来，再加上成长带来的困惑，父母在自己面前变得越来越陌生，与他们的沟通也变得越来越少，心事一旦积压，必然会生病。

为了健康，一定要做一个阳光女孩，如果不愿意说出的心事，至少你应该找到一个可供发泄的出口（当然，不能伤害自己和别人），不痛快发泄出去了，心情也就好起来了。

卫生巾也有卫生问题

听妈妈讲故事：

“好朋友”每月都会来“拜访”一次，所以，女孩子每月都要准备一样东西——卫生巾。

虽然电视里关于卫生巾的广告铺天盖地，可是荣兰并不了解它，通常是妈妈选择了什么，她就用什么。荣兰在那几天都不想动，因此不怎么更换。妈妈见卫生巾并没有减少，就感觉很奇怪，问荣兰：“经量很少吗？"荣兰苦着脸摇摇头："很多，弄得我都不想动，生怕它跑出来。"

妈妈急了，说："那怎么行？月经期时卫生巾要勤更换。"

"没这么夸张吧！"

"当然要换了。你知道经血里是什么吗？"

"嗯……是污血呗，因为没用，才每月都要排出来呢！"

"你这样想就错了，经血中有很多丰富的营养物质，如果细菌有了这些营养品，那就会疯长，人就会生病不舒服了。你要勤换卫生巾就没事了。"

"哦，这样啊，我还以为你买的卫生巾质量好，不是说'吸收力强、保护功能好'吗？我就以为不用怎么换也行呢。"

"兰兰，就是经血量少，你也不能忘了换，到了夏天，更要常换，因为湿气聚在那里，会让你的皮肤发生过敏，不舒服，所以要换。"

"妈，知道了，那最好多长时间换一次？"

"一般就隔3～4个小时换一次就行。"

"真没想到，小小的卫生巾也有这么多的问题啊！"荣兰吐了吐舌头。

送给女儿的悄悄话

选择卫生巾关系到经期卫生问题，因此，不能简单应付。超级市场和药房里有不同品牌和不同规格的卫生巾，给了你多种选择。

如果经血多，你可以使用最厚的卫生巾，至少在出血多的几天是这样。如果经血少，你不妨使用较薄的卫生巾。另外还有很薄的卫生巾，在月经的最后一两天出血量很少时可以使用这种卫生巾。

为了保证经期卫生，一定要选择质量合格的卫生巾。另外，要注意勤更换。卫生巾应每隔3～4个小时更换一次，以免浸透，另外也容易保持卫生。经血本身极为纯净，没有任何气味，但一旦接触到阴道和空气中的细菌，它就会产生一种气味，因为细菌在营养丰富的血液中生长极为迅速。这些细菌并不一定是有害的，但可以造成一种不好闻的气味。勤换卫生巾，细菌和气味就没有机会产生。

这里要注意的一点是：用过的卫生巾应放在废纸篓或垃圾箱里，不要放在马桶中冲掉，因为它们会堵住水管。公共厕所常常在每个小隔间里都备有专门投弃卫生巾用的容器。如果厕所中没有这种容器，而且你也不想在众目睽睽之下手拿带血的卫生巾从人前经过，你可以把卫生巾对折后用卫生纸包起来，随后把它扔进附近的垃圾箱。即使在家里最好也这样包起来，因为这样做能避免卫生巾散味。

卫生巾本来是为了卫生才使用的，使用不当就失去了它的意义，因此，作为女孩子一定要注意卫生地使用卫生巾。

月经来了不能游泳吗

听妈妈讲故事：

暑假里，小荃的朋友邀她一起去游泳，她那天刚好月经来了，但是因为她非常喜欢游泳，连想都没想，就跟着朋友出去了。

下水之前，小荃犹豫了一下，但是阳光很好，而且她已经过了量最多的那几天，于是，她就跟着朋友游了起来。没想到，一个小时以后，小荃觉得越来越不舒服，特别是肚子开始疼起来，有那么一阵，她甚至痛得被呛了几口水，她连忙喊离自己最近的阿莲，让她扶着上了岸。

从此以后，小荃再也不敢在经期下水了，可是她还是落下了一个痛经的毛病。

送给女儿的悄悄话

月经期不应下水游泳，为什么呢？月经来时，子宫内膜脱落出血，子宫颈口松弛开大，宫颈与阴道口位置对直，阴道内的酸度降低，此时人体全身和局部对病菌侵袭的抵抗力下降，同时，子宫的内膜形成创面，且血管很丰富，是细菌繁殖的温床。

月经来的时候，女性的生殖器官好比一个伤口。这时游泳的话，导致感染的可能性很大，如果问题恶化了，还会引起宫颈炎、阴道炎等炎症，个别时候还会导致不孕等问题。这可不是耸人听闻。

游泳时，水中的细菌就有机会进入阴道。在阴道与子宫外口之间有一环形凹陷处，叫阴道穹隆，浸入的水可积存在穹隆处，为细菌的繁殖提供了条件。如果细菌感染逆行到子宫、输卵管及腹腔，再加上游泳时体能消耗很大，抵抗能力暂时下降，很可能引起子宫、输卵管、腹腔的炎症。其实，经期为了防止感染，都不宜盆浴，就是为了防止上行感染。

另外，游泳池的水温一般都较皮肤的温度低，同时月经期对寒冷最为敏感，特别是下腹部遭受冷水刺激后，可反射性引起腹腔器官小血管的收缩，特别是盆腔器官小血管的收缩，使月经的血量减少，不利于顺利行经。经期不能顺利地排出子宫内脱落的经血，于身体健康是不利的，甚至会造成妇科疾病。而月经期身体的抵抗力又低下，游泳时容易引起感冒。

不能为了一时的快乐而影响了以后的健康，因此，不管你多么喜欢游泳，月经来时还是别去了，身体重要，否则你会后悔的！

月经期吃东西有禁忌

听妈妈讲故事：

“炎炎夏日，正是吃美味冰激凌的最好时刻，冰爽的一刹那，所有的不愉快都消失了。可是，妈妈居然不让我吃，说我来事了，就应该忍一忍。”依依满肚子怨气，眼巴巴地看着弟弟舔着草莓冰激凌，她忽然冲弟弟吼道：“你的舌头怎么那么长？你不知道那样舔来舔去的有多难看吗？”

弟弟白了依依一眼，故意从嘴角流下一滴冰激凌，然后用舌头舔了一下，说道：“馋死你！”依依气得站起来要打弟弟，他却早跑了，一边跑还一边做鬼脸。

人要心烦连电视也作对，就这时，依依听到一句广告词：“透心凉，心飞扬！”这不成心吗？依依没好气地过去把电视给关了。

坐了一会儿，觉得天气闷热得让人讨厌，此时，依依看什么都不顺

眼。难道我就不能吃一个吗？这个念头一浮上来，就再也压不下去了。妈妈不在家，弟弟又出去了，我现在吃，谁知道呢？

“这太不人道了吧？冰激凌都不让吃？我有权利反抗。”依依一边嘟囔着，一边打开了冰箱，那甜筒太诱人了，依依一把把它拿在手里，又回头看了看，屋里很静。她迅速地把甜筒放进嘴里，啊，太舒服了，有什么比大夏天吃冰激凌更让人感到快乐的呢？

由于担心被妈妈看到，依依吃得很快。吃完后，她又坐到沙发上看电视，妈妈是没有回来，可是肚子却疼起来了。

依依把靠垫放在肚子上，虽然感觉很暖和，可是肚子疼还是止不住，这时候，依依多么渴望妈妈早点回来啊。终于，妈妈回来了，她一眼就看到了正蜷缩在沙发上的依依，而甜筒的包装纸就在垃圾桶里，妈妈一下子明白了。她说：“你又吃冰激凌了！”

“我为什么就不能吃呢？”依依没有道歉的意思，毕竟她现在疼得难受，妈妈怎么能视而不见呢？

老妈正色道：“妈妈以前说‘不能吃这些东西呀，对身体不好’，可是你好像根本不在乎，现在你知道为什么了吧。”

“可是现在是大夏天耶，我不吃冰激凌，难道吃火锅不成？”依依还是不低头。

“依依，你是要一生健康还是一时解馋？”

“我不是就肚子疼嘛，用得着说得那么夸张吗？还‘一生健康’？”依依虽然很难受，还忘不了跟妈妈对抗。

“你可不要以为我吓唬你，来事时还吃生冷的食物，就会生病，有些病会让你这一辈子都难受。”

“不会吧……”虽然如此说，依依还是有些害怕了，“妈，那都得啥病啊？”

“比如痛经，再比如月经不调。因为你吃凉东西，你的血管就会收缩、血液会凝滞，经血淤住了，排不出来，就会生病。所以，经期应该忌食凉的东西！”

依依嘟着嘴，没有说话。妈妈知道依依已经认识到了错误，就微笑着说：“依依，妈待会儿给你做一碗美味的红枣糯米粥，又好吃，又对身体好。”

“可是那也不凉啊！”依依故意说，看妈妈要生气了，她才吐了吐舌头，又是一阵肚子疼，依依不禁皱了皱眉头，心想：“我可再也不敢吃冰激凌了。”

送给女儿的悄悄话

经期是女孩子的一个特殊时期，由于这段时期女性的生理情况比较特殊，因此应该避免食用一些食物，否则容易造成身体的损害，具体包括以下几点：

第一，生食、冰冷的饮品容易造成下腹部血液循环不佳，影响经血顺利排出造成痛经。爱吃冰品的女孩子，在月经期最好"戒冰"，许多中医师都认为月经会疼痛通常是因为经血不顺，而冰冷的东西会让经血无法顺利排出，所以这个时期，就忍耐一下，对"冰"敬而远之吧！

第二，咖啡或其他任何刺激性饮品都容易影响情绪。青春期女孩子喝咖啡的可能很少，但是很多女孩子喜爱吃麻辣锅，月经来的时候，尽量不要吃辛辣等太过刺激的食物，因为这个时候油脂分泌多，这些刺激、油腻的食物可能会让你长出更多的痘痘，影响肌肤美观！

第三，月经期间不宜食用任何中药补品，因为补品会影响子宫的收缩，使经血不易排净。但是姜丝猪肝汤却不同，它可以舒缓子宫肌肉，帮助经血排出，而且做法简单，经济又实惠！做法：锅里放两大碗水，水滚后放入一把姜丝，一分钟后再放入八小片猪肝，大火热滚后再放入菠菜及少许葱花，最后加点香油和盐即可。姜丝猪肝汤是女孩子经期的最佳选择。

第四，多喝水，多吃蔬菜。月经期容易长痘痘，那么你就更要多喝水、多吃蔬菜，吃蔬菜不仅不油腻，还可以帮助消化，减少油脂分泌，痘痘就不容易冒出来啦！这个时候粗粗的毛孔与皮肤也会乖乖的。

第五，食用能补气、疏肝、调节不良情绪的食品。女孩子们在月经来潮的前几天（月经前期）会有一些不舒服的症状，如抑郁、忧虑、情绪紧张、失眠、易怒、烦躁不安、疲劳等，这与体内雌性激素、孕激素的比例失调有关。此时，你可以选择既有益肤美容作用，又能补气、疏肝、调节不良情绪的食品，如柚子、卷心菜、芹菜、金丝瓜、冬瓜、海带、海参、胡萝卜、白萝卜、胡桃仁、黑木耳、蘑菇、粳米、瘦猪肉、鸭蛋等。

如果出现食欲差、腰酸、疲劳等症状，也可以选用既有益肤美容作用，又对"经水之行"有益的食品。宜选用的食品有：羊肉、鸡肉、红枣、豆腐皮、苹果、牛肉、牛奶、鸡蛋、红糖等。

第六，经后要补充营养。月经的血液主要成分有血浆蛋白、钾、铁、钙、镁等无机盐。一般每次来月经都会丢失一部分蛋白质与无机盐，因此，从原则上讲，月经干净之后的3～5天内（月经期后），应补充蛋白质、矿物质等营养物质。你可选用既可益肤美容又有补血活血作用的食品与药品：牛奶、鸡蛋、鹌鹑蛋、牛肉、羊肉、芡实、菠菜、樱桃、龙眼肉、荔枝肉、胡萝卜、苹果、当归、红花、桃花、熟地、黄精等。

当然，有时候并不是你想吃什么，妈妈就会买来做给你吃，但是这也没有关系，只要不是禁忌食品，平常的饮食对身体都有一定的滋补作用，只要你按时吃饭，就能吸收对身体有益的营养。

第5章

私密花园：性发育的早春来临

进入青春期后，女孩子的身体有了变化，女性的特征越来越明显，性发育也逐渐明朗起来。以前，人们在教育女孩子时，一直对性发育问题讳莫如深，这导致很多女性婚后对生殖器官非常不了解，闹出许多可悲的“笑话”。生殖器官的确是女孩子的私密花园，但是，你不该对自己的情况都不了解。在青春期，那里每天都在发生着变化，它几乎主宰着你以后的人生，因此，私密花园的故事你还是听一听为妙。

性发育有哪些特征

听妈妈讲故事：

饭后，翠文躺在床上，暗自思索着。这时候，妈妈走进来了，翠文跳起来问道："妈妈，今天讲什么样的故事呢？"

“今天是一个‘性发育’的故事。”妈妈告诉女儿。

“什么？性？”不知道为什么，翠文对“性”这个字非常敏感。

“怎么？你知道‘性’？”妈妈注意到了翠文的变化，就问道。

“性，就是黄色的东西呗，你怎么跟我说这个啊，妈？”翠文非常不解，也非常不满。

“我的傻丫头啊，性可不黄，凡是正常人，都要经过性发育。否则，人类就在地球上绝迹了。”

“我知道，性就是传宗接代。”

“呵呵，”妈妈笑起来，摸着翠文的头说，“我女儿还真懂得很多呢，你说得也对，你知道女人有什么生殖器官吗？”

“妈，我又没到生儿育女的份上，还是先别听这样的故事了吧。”翠文红了脸。

“你现在也到了该知道这些内容的时候了！”

“妈妈！”翠文娇嗔羞涩地背过身去。

“早点了解对你有好处。”

“那么，好吧，你说吧。”翠文还是没有回头。

“女人的生殖器官包括子宫、卵巢、输卵管、阴道等。”

“妈，其实我知道，我们生理课上说过。”

“你知道小孩是怎样形成并出生的吗？”

“妈妈，小孩当然是从妈妈肚子里出来的，以前奶奶哄我说是从海里捞来的，不知道我有多伤心，现在我可不信那一套了。”翠文立刻说。

“哦。”妈妈一愣，对于“海里捞回来”这个说法她虽然没有明确告诉过翠文，可是当翠文问她从哪里来时，当时她也不知道该怎么回答她才好。看来，儿时的性教育已经落下了一堂课，今天不管多难补，也要补回来了。

妈妈沉吟了一会，告诉翠文：“女孩子长到八九岁时，性就开始发育了，性发育包括生殖器官的形态发育、功能发育和第二性征的发育。卵巢在8～10岁开始迅速发育，随着女孩子慢慢长大，卵巢的重量和体积都在变大，并且逐渐成熟，排出卵子，分泌性激素（以雌性激素和孕激素为主）。子宫在10～18岁间发育速度也直线上升，体积逐渐增大，并在性激素的作用下，子宫内膜呈周期性变化，出现月经。阴道随着发育变长、变宽，分泌物增多。外生殖器官逐渐向成人过渡。随着内、外生殖器官的发育，长出阴毛、腋毛，乳房增大，臀部变宽等。”

也许是这些东西太枯燥，翠文听得很勉强，终于等到妈妈把一些知识讲完，她说：“妈妈，我现在更关心的是，孩子是怎样生出来的？”

“这个，明天再跟你讲。”

“妈妈……”

送给女儿的悄悄话

儿童期生殖器的发育很缓慢，处于幼稚状态。进入青春期，在内分泌的影响下，内、外生殖器官迅速发育是性发育的主要特征。与身体其他系统相比，生殖系统在相对较短的时间内发育成熟，出现了显著的性别特征。下面就具体说一下女性生殖器官的发育。

女性生殖器官分为内生殖器官和外生殖器官两部分。

内生殖器官包括：生殖腺（卵巢）、生殖管道（输卵管、子宫、阴道）。

外生殖器官包括：阴阜、大阴唇、小阴唇、阴蒂、阴道前庭、前庭大腺、阴道口和处女膜。

女性的外生殖器官是受孕和分娩新生命的必经之“门”。因此，女孩子一定要保护好自己的这道“门”。当然，千百年来，人们对这“门”始终避讳着，没有很好地去了解它，父母在对女儿的教育中，也从来对此处避而不谈，以致闹出了许多可悲的“笑话”。例如，妇产科医生不止一次地谈到，一些已经结婚多年的夫妇都不知道阴道在哪里，直到由于“不育”找医生求治时，才知道是错把尿道当阴道了。又如，对于处女膜的种种误解，使得多少家庭蒙上了不快的阴影呵。因此，女孩子们，妈妈让你知道一些有关这“门”的生理知识是完全必要的。

阴道是经血流出的通路，也是胎儿娩出的通路，里面与子宫相连。它有很大的扩张和收缩能力。它的这种能力是必要的，这才有利于生育时让孩子通过。阴道口外的左右两侧各有一块由脂肪构成的隆起组织，它的名字叫大阴唇。在大阴唇的里面，两边各有一片小阴唇。小阴唇的上边连接处就是阴蒂。阴蒂下方、阴道上方的小开口是尿道口，这是排出小便的地方。阴道口周围是前庭和前庭大腺。处女膜是环绕阴道口的一层“膜”。会阴则在肛门与阴唇之间。

对于一个女孩子来说，阴部扮演着十分重要的“角色”，保护好它，对保护女性身体健康有着不可忽视的作用。

一般来说，性器官的发育在悄悄地进行着，因此女孩子并不会有所察觉，但是只要知道一些性发育的特征，你就知道它发育的进程了。主要特征包括月经、阴毛，还会有白带——这个我们后面会说到，当然像乳房发育、臀部变宽等都是一种发育信号。

总之，青春期最明显、最突出的标志是身体的发育，身体上体现成人的特征，生理上趋于成熟，具备生育的能力。但是它仍然像“半青不红的苹果”，不要急于采摘，只有等到它完全熟透，那种味道才会更加美好。

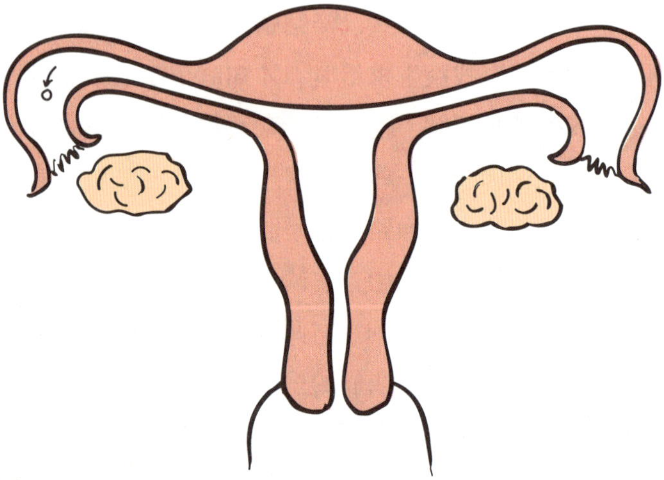

孩子是怎样生出来的

听妈妈讲故事：

依照和女儿的约定，今天的内容就是“孩子是怎么样出生的”。翠文的积极性显得特别高，她早就想知道女人的大肚子是怎么回事了。

可是，妈妈的开场白却显得漫不经心。

“前几日，有同事说起家里5岁的宝贝女儿发生了一件事，这让我瞠目结舌。同事说为了教育女儿，她们家里有一块白板，她和丈夫喜欢在上面写写画画，孩子也喜欢在上面涂涂改改……”

“妈妈，你能不能别把话题绕得那么远。”还没等妈妈说完，翠文就不耐烦了。

“我们说的就是最重要的地方，你必须要认真听！女人有很多有趣的故事呢！”

“真的？”

“当然了，”妈妈接着说，“同事说她的女儿有一天在白板上画了个圆圈，说这是女人的卵巢。你知道卵巢吗？”

“知道，但是具体怎么回事并不清楚。”

“就是，可是这个5岁的女孩子却知道。她妈妈别提有多吃惊了，就问她是怎么知道的，小女孩没有回答，继续沿着她自己的思路说下去，说那是女人生孩子的地方……”

“啊？卵巢是生孩子的地方吗？”

“是，卵巢在生孩子的过程中扮演着重要的角色。”

“那么，卵巢一定在肚脐眼那里吧！”翠文问道。

“什么？”妈妈差点没笑出来，她极力忍住，问道，“你怎么会这样认为呢？”

“以前妈不是说孩子都是爸爸在妈妈肚子里种的一颗种子，我就想，这粒种子不可能是吃进去，因为吃进去的话，会排泄出来，那种子就没法发芽长大了。我就想，种子肯定有一个很特别的地方供她生长。”

“我们翠文真的是很聪明啊！”妈妈不禁夸赞道。

“嗯，有那么点！”翠文有些得意，“于是我想，爸爸一定是把种子种在了妈妈的肚脐上，可是我又想，那怎么给种子浇水呢？人的种子和真的种子应该有点不同吧，人的种子应该吃饭，我不就是吃饭才能长大吗？所以，孩子在肚子里吃的也是饭，那么，女人的食道肯定会有一个口通向肚脐附近，在那里喂孩子饭。是不是这样？”

妈妈已经笑得前仰后合了。这个有点懂事，却又完全不懂事的小毛丫头！她看着自己的宝贝女儿，实在佩服她的想象力。

翠文继续推论：“妈妈，其实我觉得人的进化还是不到位，既然我在人体外都能长大，那么种子也可以在人体外长大，为什么还要女人十月怀胎？那不是太麻烦了，给女人增添了多少烦恼。将来我要生小孩的时候，我就让爸爸把种子给我，然后给她做一个小的摇篮，每天喂她饭，让她在那里生长。”

“对了，那个种子可不能是爸爸给你的。”妈妈忍住笑，连忙纠正道，“那得是你孩子的爸爸，也就是说，将来有一天，有一个人，他和你非常投缘，然后你们举办了婚礼，然后呢……”

“我知道，然后他就给我一颗种子。”

“是的，可是，你知道那个种子长什么样吗？”

“嗯，应该是人样吧，对了，一定是人参果的样子。”翠文一下子想起了《西游记》中唐僧吃的人参果的样子，她拍着手说道。

“哈哈……”妈妈又笑了，“不是，这个种子可没有那么大。它长得像蝌蚪，可是肉眼看不见，是从孩子爸爸身体里排出来的，叫精液，里面有千千万万个精子。光是这个精子还不能成为一个完全的种子，还必须要和卵子结合，才能成为一个种子，而这个卵子，是妈妈身体里产生的，所以你说，在体外培养种子，像喂小孩饭一样喂她可不行。”

“这么复杂？那爸爸的精液是怎样进入妈妈体内的？”

“这个……”妈妈似乎也有些难为情，她想了半天，“怎么说呢？”

“是不是像蝴蝶一样躬着腰，尾巴对着尾巴？”翠文用手做着蝴蝶的动作，一上一下地扇着。

“差不多。”

“咦，这样啊！精子进入妈妈的体内，找卵子，那么它是怎么找到的呢？”

“千千万万个小精子到了妈妈肚子里还要赛跑，看谁先占领一个目的地，叫‘卵子’，再经过10个月才慢慢变成孩子。你知道吗？当年你跑得最快，得了个冠军，所以你就变成了一个又漂亮、又聪明的孩子。”

“那其他的精子呢？”翠文有些高兴，也有些伤心，“其实，其他的也可以一起成为孩子的。”

“其他的都死光了，又排出体外了。因为只有一个卵子，当然异卵双胞胎，会有两个卵子，但也只需要两个精子。”

“那么多的精子都被冲到下水道里，那下水道里不全都是孩子吗？”

“不是，那些精子还不算是孩子。”

“那么孩子，就是精子和卵子，他们的家在哪里呢？”

“他们住在子宫。开始是没有一点人的形状的，慢慢地，才长了眼睛、鼻子、嘴还有内脏。”

“然后，长大了，就去医院，医生在妈妈肚子上划一刀，我看电视上都是那么演的。”

“那是不顺利的生法，顺利的话应当是从阴道里生出来的。”

“原来是这样啊！”

“你要不要知道爸爸制造‘种子’的器官呀？”妈妈说着，拿出笔来要给翠文画。

“不用，”翠文赶紧摆摆手不让她画，她说，“有一次，一个流浪的男孩坐在板车上，专门把生殖器露出来让过路的人看，我无意中看了一眼，倒还有感想，感想是：‘好恶心呀！’”

不过翠文一想到孩子的形成是一个复杂的过程，就又开始了幻想，她说：“人的身体真是很神奇的地方，能把肉眼看不见的东西变成一个人的模样。”

送给女儿的悄悄话

在生孩子的过程中扮演重要角色的是卵巢，卵巢可产生并排出卵子，和精子结合后成为完全的种子。

这里，给你详细介绍一下卵巢。卵巢分泌性激素，主要是雌性激素、孕激素和雄性激素等甾体类激素。雌性激素对性器官、第二性征及卵泡和子宫内膜周期性发育与功能的维持都是很重要的。孕激素对子宫内膜的分泌期反应与孕卵着床是必需的。另外，雄性激素也参与对卵泡生长和卵细胞成熟的调节，以及性功能的调节。

女性的卵子并不是固定不变的，每个月都有一次排卵。在青春期，由于垂体分泌促性腺激素，卵巢内的原始卵泡开始发育，合成雌性激素，卵细胞周围的空间充满液体，内含大量雌性激素。增长的卵泡逐渐向卵巢表面移动，卵泡壁愈变愈薄，最后破裂，成熟的卵子随卵泡液流入盆腔，这一过程称为排卵。

月经和排卵的关系密切，简单地说，排卵决定月经，如果没有排卵，就不会有月经；更确切地说，没有排卵就没有排卵性月经，就不能生育。

排卵后卵泡壁萎缩，其中颗粒细胞增大，形成黄体。黄体可分泌雌性激素和孕激素。排卵后12～14天，黄体开始萎缩，不再合成孕激素及雌性激素。随着卵巢的周期性变化，子宫内膜亦呈周期性变化，雌性激素刺激子宫内膜增厚，细胞增大，血管更迂曲，称为增生期改变。排卵后，孕激素和雌性激素协同作用，使子宫内膜增厚，腺体产生大量液体，称为分泌期改变。当雌性激素和孕激素水平下降后，子宫内膜血管收缩，内膜缺血、坏死、脱落、出血，而成为月经。

另外，输卵管可运送卵子和精子，是主要的受精部位。子宫是孕育胎儿并娩出胎儿的器官。阴道是排放月经、娩出胎儿的通道。

孩子的形成过程说起来简单，其实很复杂，而对于女孩子的未来生活来说，其中一个重要的选择就是对孩子爸爸的选择，那不但关系到自己的幸福，也关系到孩子的人生。最关键的，女孩，你一定要对自己负责，对未来负责。

秘密花园里的小虫虫

听妈妈讲故事：

不知道怎么了，最近晓荷总是感觉下边很不舒服。有一次上课，她甚至痒得差点坐不住，又不能抓挠，那种感觉，就像是一百个老鼠在心里一起摆动那带尖的小爪子，让她痛苦不堪，而且也觉得丢人透顶。

晚上回到家，晓荷就一头冲进卫生间洗澡，洗完澡她感觉好多了。

没想到晚上吃饭时，又开始痒起来，她有些愤怒，就坐在椅子上扭来扭去，妈妈很生气地说道："一个女孩子，看你像个什么样子？"晓荷看了看爸爸，没有吭声。

饭后，晓荷把妈妈拉到一边问道："妈妈，我那里为什么那么痒啊？我生病了吗？还是青春期都会这样？"

"什么？"妈妈开始并没有听明白，不过她很快就知道了晓荷的意思，她连忙说："你去洗一下吧！"

"我刚洗过。"

"洗了？那可能是有寄生虫了！"

"寄生虫？天啊，妈啊，快给我点虫子药，把它杀死吧，太难受了！"

妈妈关切地对晓荷说："明天就是周末，我们去看医生。"

周末，晓荷和妈妈来到医院检查，经过一系列的化验，确定晓荷得的是一种滴虫感染，医生给开了一些药。

几天以后，晓荷的瘙痒感就没有了。

送给女儿的悄悄话

有些少女阴部瘙痒，常常难以忍受，阴部瘙痒是一种症状，病因可能多种多样。

幼女的外阴瘙痒多因炎症、寄生虫等引起。这是由于她们的卵巢功能尚不健全，阴道自然防御机能较差，容易患多种细菌性或非细菌性外阴阴道炎，其病症的外部表现就是外阴瘙痒。蛲虫病所致外阴瘙痒在少女中的发病率较低，该病的发生系因雌虫移行至肛门附近排卵，这时便引起外阴瘙痒，尤以夜间为甚。

进入青春期后，少女的阴道上皮增厚，并出现阴道皱襞，阴道内的内分泌物也由于富含乳酸杆菌而呈酸性反应，分泌量也增多，自然防御机能明显增强。在这个时期，外阴瘙痒多因不注意外阴部卫生而出现外阴阴道炎或前庭大腺炎等引起。初潮后如果不注意月经期的阴部卫生，经血和阴道分泌物可污染和刺激外阴部而引起瘙痒，严重的会发展为炎症。

阴道酸性环境是滴虫感染的先决条件，滴虫性外阴阴道炎的发病率在青春期后明显增多，而这种感染在幼女中却很少见。少女感染滴虫主要通过公共浴池、浴盆、浴巾、坐便器、与患病亲属接触等间接途径所致。

此外，外阴瘙痒也可能是全身性疾患，如白血病、黄疸、糖尿病、贫血病等的症状之一，如糖尿病时的阴部霉菌感染。当然，其临床症状会有所不同。如果在外阴瘙痒的同时，身体其他地方伴有不舒服感，要及时就医。

引起外阴瘙痒的原因还有精神因素，如由于紧张、焦虑等心理的影响，过分将注意力集中于阴部，因其他人谈论外阴瘙痒或搔抓时引起条件反射等都可造成外阴瘙痒。

目前，各种性传播疾病在我国死灰复燃，如不注意公共卫生和个人卫生也会经间接途径引起感染并造成外阴瘙痒等症状，当然瘙痒症状外还会引出各种更为严重的后果。因此，女孩子在进入青春期后一定要注意公共场所的卫生，坚持和养成良好的卫生习惯，如每天换内裤，清洗外阴，使用坐便器前注意清洁或垫用卫生纸。

当发生外阴瘙痒症状时，不要讳疾忌医，要及时诊治，也可以先告诉妈妈，由妈妈带领到医院进行详细检查，千万不要自己乱用药或为庸医所骗而耽误病情。

内裤上怎么会有白色的东西

听妈妈讲故事：

芸芸晚上洗澡的时候，发现内裤上面居然有些“不明物体”——一些白色的东西。这是什么？她以前可没有过，不过最近一段时间似乎总是出现，芸芸仔细想了想，大概是初潮后就发生了，她真的讨厌红色和白色，不过，现在的问题是，应该怎么办？

看来，疑问也只能等妈妈解答了。

妈妈听罢芸芸的描述，说那些“白色的不明物体”是白带。健康的女性都会有白色的或者是没有颜色的白带，而且在经期前或是两次月经中间，白带量会增多，这是正常现象。

芸芸放下心来，既然是自然现象，就由它去吧。不过，妈妈却提醒道："要是白带是黄色的，或是像白色乳酪一样的话，那么这种情况的白带就是有病菌、有问题的了。"

"那有什么病菌？为什么会有黄色的白带？"芸芸问道。

"这些情况都必须经过医生的诊断才能知道，所以要是你哪天发生了这样的情况，一定不要犹豫或是害羞，要赶紧告诉妈妈，知道吗？"

芸芸用力地点点头。

送给女儿的悄悄话

少女青春期后，随着卵巢功能的完善，阴道内会有一种乳白色或透明的液体流出，量有时略多，有时较少，有其规律性，这就是白带，它具有保持阴道黏膜湿润的作用。

白带是由许多组织分泌的液体共同组成的，它包括前庭大腺、尿道旁腺、子宫颈腺体以及子宫内膜腺体分泌的黏液，还有阴道壁中毛细血管和淋巴管的渗出液。混合后的黏液中含有阴道上皮的脱落细胞及少量白细胞，即形成白带。

白带虽是女性所特有的一种正常的生理现象，但现在包括很多成年妇女都不了解它，非常讨厌白带，而青春期少女对它的了解就更少。其实，白带对女性是有用之物，它有保持阴道湿润的作用。

青春期之后，阴道里会生长有众多的阴道杆菌，它可杀死外来的细菌，保护阴道。可是只有在湿润的环境里阴道杆菌才能生长，而这时候，宫颈和阴道分泌的白带正好提供了这样的环境，可以有效地保护生殖道不受细菌的侵犯。因此，它是女性生殖道不可缺少之物。平时，宫颈液相当黏稠，把宫颈口保护住了。细菌即使能通过阴道，到这里就被封锁了。可以说，白带保卫着子宫的大门。

阴道有白带是健康的，正常的分泌物带点特有的气味，那是无害的。一个女孩子如在内裤上发现白带，那表明，大约半年后就会来第一次月经了，应该有准备地迎接初潮的到来。

白带每个月会随着时间而有所变化。每到月经周期的一半，也就是排卵期时，阴道会有无色透明的黏性分泌物，一直到下一次的月经开始之前，才会逐渐变得比较白，而且呈浓稠状。

当白带分泌发生数量、色泽、性状、气味等变化时，比如，它的颜色变黄、变绿，甚至带有恶臭，而且同时还伴有腰痛、腹痛、外阴瘙痒等症状，就表明出现了白带异常。很可能是生殖器官或泌尿系统有炎症。

这里要注意：阴阜和大阴唇外侧长满阴毛，它们是自阴道内流出的白带、月经血、外阴分泌物和其他污垢最易黏附、隐藏的地方。而大阴唇与小阴唇、阴蒂之间的空隙也是藏污纳垢的地方，这些污垢是细菌、微生物理想生长的温床，增加了病原体进入阴道口、造成感染的机会。因此，要尽量保持外阴部的清洁，早晚各用弱酸性的肥皂洗干净，最好避免使用碱性肥皂和润肤液、爽身粉，因为其中的成分很可能导致阴道感染。

注意清洗的顺序是：先由外向内，再由内向外。即从大阴唇内侧开始，向内清洗小阴唇、阴蒂周围及阴道前庭。注意清洗阴道口、尿道口周围的间隙。然后，清洗大阴唇外侧、阴阜、大腿根部内侧，最后清洗肛门。

当你去上厕所时，最好用卫生垫垫在坐便器上，以免为疾病的传播创造机会。大便后应由前往后擦拭肛门，这是为了预防细菌侵入阴道造成感染。另外，要勤换内裤，洗外阴和内裤最好有专用盆。

最后再嘱咐一句，医生说：白带是女性健康的晴雨表。因此，如果发现白带异常，就一定要去看医生。

卫生护垫能天天用吗

听妈妈讲故事：

小芳非常不喜欢白带，那给人的感觉是……感觉有点脏。她不知道别人有没有这种情况，于是，在放学的路上，小芳悄悄问菲菲："菲菲，你有这样的东西吗？"

菲菲看看小芳，说道："有时候也有的，怎么了？"

"你不觉得很不卫生吗？"

"我听妈妈说白带是正常的，我开始也觉得有点脏，后来我就用卫生护垫，感觉很好。"

"真的？不会像卫生巾一样很累赘？"小芳虽然知道卫生护垫在超市里有很多，但是还没用过卫生护垫呢。

"你试试就知道了！"

菲菲陪小芳在超市里买了一包。回到家里，小芳就换上了。第二天，小芳问她感觉如何，她点点头，表示很满意，又问道："菲菲，你平时经常用吧？"

"是呀，如果那个刚来的时候，也可以用卫生护垫的，比用卫生巾舒服多了！"

"是吗？下次我也试试，卫生巾有点大，弄得人身体好难受的！"

卫生护垫真的是太方便了，连洗内裤的时间都省了！不过，这“美滋滋”的感觉没过几天，不舒服的感觉就又光临了。小芳总是感觉很痒，而且越来越严重。在家里还好，可以躲在房间里挠挠，可是在学校里怎么办呢？

小芳赶紧去菲菲处取经，果然，菲菲也有瘙痒的感觉。菲菲说：“晚上我得问问妈妈是怎么回事？咱们别是得了病吧？”

这一天，两个小伙伴都显得闷闷不乐，本来要等到第二天才问菲菲的，可是她实在等不及，就愁眉苦脸地把事情告诉了妈妈。妈妈问道：“我正要问你，今天在卫生间里发现了一包卫生护垫，是你的吗？”

“是的。”小芳这才想起，今天走得匆忙，护垫就忘在了卫生间里。

“你是今天新买的吗？”妈妈继续问。

“不是，已经有一段时间了。”

“那么，你一直用？”

小芳点点头，想起今天一天没有带，连换的都没有，到下午实在难受，向菲菲借了一个换上了。可是，妈妈为什么问这个，难道用这个也过敏吗？听说过吃海鲜过敏，也知道花粉过敏，可不知道谁用卫生护垫还过敏。

妈妈说：“卫生护垫可不能老用。”

“为什么？”

“因为差不多护垫底部都有一层塑料，不透气，你用它，肯定很容易造成阴部潮湿、出汗，这样不就会产生细菌吗？那你还能舒服吗？”

啊，是这样，小芳一听就明白了。

送给女儿的悄悄话

女孩子使用卫生护垫可以，但也不乏隐患存在，长期不更换卫生护垫会使局部湿度和温度都大大增加，尤

其是在潮热的气候中更加明显，这样不仅给细菌和真菌的生长创造了适宜的条件，而且还破坏了阴道的酸碱度，降低了局部的保护屏障作用，使人患上阴道炎。

另外，卫生护垫的摩擦易引起局部皮肤或毛囊的损伤，发生外阴毛囊炎等疾病，所以卫生护垫不宜长期使用，使用护垫就不必天天清洗的想法更是错误的。

具体来说，要注意以下几点：

第一，夏季人身体容易出汗，在不必要的情况下尽量不使用卫生护垫。使用卫生护垫时，也要注意及时更换，以免影响女性下体自身的酸碱环境调节。

第二，一些有添加剂或者有香味的卫生护垫，对于部分人群来讲，可能会增加过敏的概率，因此最好不要使用。

第三，卫生护垫要根据工作环境、性质、季节、身体状况而更换：分泌物少的时候基本上一天3个已够用；在天气炎热或者工作紧张、常出汗的时候要及时更换。

另外，女孩子要避免穿太紧的内裤。阴道和尿道口、肛门太接近，如果内裤穿得过紧，内裤与外阴和肛门及尿道口频繁地摩擦，肛门处的病原体可以通过内裤污染到外阴、尿道，容易造成泌尿系统或生殖系统的感染。生殖系统感染、泌尿道感染是妇科常见疾病，女性只有做好自己的卫生保健，才能防患未然，避免受到不必要的困扰。

总之，外阴局部能够长期保持清洁、干燥、透气就好。没有必要一定要使用卫生护垫。

特别的爱给特别的“幽密地带”

听妈妈讲故事：

小米和小姨薇薇是一对好朋友，尽管小姨比她大10岁。特别是进入青春期后，小米和小姨的关系更加紧密了，她常常会把自己的心事告诉小姨，还会和小姨讨论如何使自己变得更漂亮一些，以便能吸引更多男孩子的目光。

没错，与同龄人相比，小米显得非常早熟，她很早就知道了男女之事。看到小姨那么受男性的欢迎，男朋友走马灯似的换来换去，每个男人都对小姨俯首帖耳，小米真是羡慕死了。她经常学着小姨的样子，把自己打扮得花枝招展的，还喜欢穿上小姨的紧身牛仔裤去逛街。

小姨的朋友似乎也很喜欢小米，特别是一个叫力的叔叔，对小米更是青睐有加。他总是喜欢带着小米去看电影、到野外去玩。开始，小米担心会发生什么事情而拒绝过一两次，但是力显得非常诚恳，小米又非常喜欢和力在一起的那种浪漫而温馨的感觉。受不了诱惑的小米跟着力出去过几次，见并没有发生什么可怕的事情，小米渐渐大胆起来。

但是小姨却来警告她：力很危险，你最好别惹他。小米不以为然，还笑小姨接受不了朋友对自己好。小米说：“小姨，你得承认你老了。

这个世界是我们年轻人的，你嫉妒也没有用。”小姨气得不再理她。但是小米不在乎，她对于和力在一起感到非常快意。

不久，力就要求和小米住在一起，小米没有拒绝，他们开始了亲密接触。虽然当时小米感觉非常害怕，但是由于力是一个非常善于调节气氛的人，而且似乎对她照顾有加，所以小米慢慢喜欢上了和力做成人游戏。

妈妈对小米的变化有所察觉，她严肃地警告小米，不要和陌生男性往来，小米非常大方地说：“放心，我没和陌生男性往来。不过我有个男朋友，他叫力，是我小姨的朋友，你和我爸都见过，他又不是陌生人，你们怕什么。”妈妈严厉阻止小米和力往来，为此还和小姨吵了一架。但是小米却满不在乎，不能公开交往，小米就继续暗地里和力鬼混。

小米的成绩成了倒数第一，但是这并不影响她的心情。每天，她把自己打扮得像一只花蝴蝶一样，穿梭在校园里，四处招惹是非。下了课，她就坐上力的摩托车，无所顾忌地到力的住处玩耍。妈妈知道小米和力在一起后，气得晕了过去，爸爸把小米关在家里，狠狠地打了她一顿。但是小米不服气，她说，自己已经长大了，不需要再接受父母的控制了。

刚刚结婚的小姨也来看小米了，她显得非常憔悴，脸上还带着一些伤痕，她定定地看了小米有一刻钟，小米斜眼看着她，却恨恨地说：“如果说我走的路不对，你要负主要责任，现在还来充什么好人！”小姨显得非常难过，她幽幽地说：“虽然结婚了，但是我并不幸福，因为我不能生育了，只能嫁给一个有孩子的老男人。”小米没有说话，继续冷冷地看着她，小姨惨笑着说：“我是因为堕胎太多，没办法补救了。”说完流下泪来，小米有些受触动。小姨说：“我现在后悔莫及，你知道吗？花朵是在正当季节时绽放最美，如果提前开，就容易受到暴风雨的侵袭。如果说以前我给过你不良的影响，我感到非常的抱歉，今天，我真的希望你通过我这个前车之鉴而认识到自己的错误。一定要学会保护自己。”

小姨走了，小米感觉很失落，静静地待在家里，闭门思过。本以为风平浪静了，可是几天后，小米发现自己怀孕了，她当时就懵了，连忙给小姨打电话。小姨在第一时间赶来，可是她也没有别的办法，两人商量后，决定堕胎。

15岁半那年，小米堕胎，她经受了人生最痛苦的一个月。虽然在这一个月内，妈妈和小姨给了她极大的支持，并悉心照顾她，但是她还是落下了一些妇科病。

送给女儿的悄悄话

青春期是“浪漫期”、“朦胧期”，也是“是非期”，女孩子通常对自己的身体产生一种异样的感觉，非常想通过触碰来满足一下好奇的欲望。同时，一些女孩子还会产生一些性幻想和手淫。这都容易对“幽密地带”产生严重的破坏。

女性的生殖器官非常脆弱，如果保护不好，就会受到伤害，影响以后的生育和自身的健康。所以，你应特别注意生理和心理保健，保护好你的性器官。

第一，保护好阴道。

女性的外生殖器构造较为复杂，皮肤、黏膜皱褶较多，既有汗腺、皮脂腺，又有前庭大腺和宫颈、阴道的分泌物，且前有尿道口，后有肛门。青春期后，女孩子都会有月经来潮，而这个时期女孩的会阴部屏障作用尚不完善，非常容易罹患阴道炎。因此，必须要注意以下保健：

1.保持阴部卫生清洁。

随着月经的来潮和白带的分泌，阴道会受到多重细菌的侵扰，因此，应注意经期卫生，正确使用消毒后的卫生纸巾，内裤要晾在日光下，以紫外线消毒；经常洗澡；睡前用温水清洗外阴，洗盆专用；大便后，手纸应由前向后擦，小便后用卫生纸擦干净。

少女在公共浴所洗浴时，应自带浴盆、浴巾，尽量淋浴而不要盆池浴，防止阴道滴虫、淋病菌或其他性病等间接感染，同时亦应掌握相应的性病知识，防止性病的间接接触感染。

2.不要穿过紧的内衣。

有一些时尚类裤子裤裆瘦短，弹性不佳，透气不良，这就使得前有尿道口、后有肛门的阴道备受窘迫，阴道的分泌物不得排泄，会阴部处于温热、潮湿的状态，给各种致病菌制造适应的生长、繁殖环境，使女孩患病。

3.合理应用抗生素。

一些霉菌性阴道炎是由于大剂量服用应用抗生素（广谱）和激素导致体内菌群失调而引起的。如果你患炎性疾病，在选用广谱抗生素时，一定要遵医嘱，尽量不与激素合并用药。

4.洁身自爱，守身如玉。

有一些女孩子控制不住自己的性幻想，或者手淫，或者与男性过早地发生了性行为，致使自己患上性病性阴道炎。

第二，保护好子宫。

子宫身居腹地，外有体壁屏障保护，内有阴道门户缓冲，受伤害的可能性很小，尤其是没有性生活的少女更是如此。但是如果你过早地过起了成人的生活，就会让还没有发育完善的子宫处于非常危险的境地。

每一个女孩子都是一朵含苞绽放的花朵，美妙的人生刚刚在你面前展开，如果因为过早地偷食禁果而贻误一生，未免令人遗憾。所以，你要自强、自尊、自爱，正确认识人生价值观。还是前面那句话：“洁身自爱、守身如玉。”

第三，保护好卵巢。

步入青春期，无论第一性征（内外生殖器的变化）的出现或第二性征（除生殖器外其他的变化）的显露，无不与卵巢发育成熟有关。而卵巢主宰着女性的多种生理功能，因此，你必须要保护好你的卵巢。

1.注意阴部卫生。

避免阴道炎的发生，以防炎性病变累及卵巢。

2.预防卵巢疾病。

卵巢瘤特别是生殖细胞瘤多发于少女时代，如果你出现腹痛、腹部包块、水样白带，就一定要告诉妈妈，去医院进行检查。

3.禁烟忌酒。

研究证实，烟草可产生400多种毒物，如尼古丁、焦油、一氧化碳、砷、镉等，这些物质对卵巢有明显的毒害作用。长期大量饮酒，会使卵巢中毒，影响其生长发育。

4.稳定情绪。

情绪不佳，体内酚胺类物质分泌增加，会使卵巢血流量减少，影响其发育、成熟。

孩子，你已经长大了，成为一个女人。妈妈希望你一生幸福，无论是身体还是精神，都不会受到损伤，但是你自己也要做好必要的保护工作，尤其是你的“幽密地带”，那决定着你作为女人的幸福，一定要做好积极的防卫工作。

第6章 美的困扰：花样年华里怎样最靓

“你在我心中是最美”，哪个女孩不希望自己得到别人这样的评价呢？特别是进入青春期的女孩子，每一个都是魔镜女王，端详着镜子里的那张水灵灵的脸，还有那满是发育气息的身材。然而，似乎总有许多瑕疵，给多彩的青春蒙上了几抹阴影。其实，花样年华，本身就是一种美丽，那是任何化妆品、整容术、美的修习课都无法换来的，珍惜青春，美丽才会大放光彩。

爱照镜子不臭美

听妈妈讲故事：

一天，在卫生间的小千喊妈妈给自己从书包里拿一个卫生护垫，卫生间里没有了。妈妈打开书包的时候，一个亮亮的东西一下子闪入眼帘，仔细一看，居然是时尚女孩常用的小镜子。妈妈愣了一下，还在学习阶段的小千，怎么就有了镜子？

妈妈可不能放过这个，等到小千出来的时候，妈妈就问道：“你的小镜子是谁给你的？”

“什么？”小千忽然想起同桌兰的小镜子还在自己的书包里，她连忙解释说，“那是兰的。我哪儿有钱买那个？”

“我就不明白，你小小年纪，用镜子干什么？家里不是都有穿衣镜吗？难道那还不够？”

“那穿衣镜也不能带到学校啊！”

“那学校里也有仪容镜啊！”

“是啊，可是那也不能随时看到自己的脸啊！”

“自己的脸上有知识啊？看它就能把成绩提上去啊？”

小千看到妈妈的脸越来越阴沉，她连忙解释说：“妈，我昨天脸上起了一个粉刺，感觉有些痒，就借了同桌的小镜子，结果忘了给她。我又不是天天照。”

妈妈的脸色这才有所缓和，但是她还是叮嘱道：“可不能爱上照镜子啊，如果天天照镜子，你还哪儿有时间学习？”

“照镜子怎么了？兰就天天照镜子，可我也没见她功课落下啊！”小千到底没有沉住气，她对妈妈喋喋不休的一番话真是反感，“你们大人不是常说要注意形象吗？我们有个小镜子，就是为了这个，这不是好事吗？你们这叫啥，知道吗？叫‘出尔反尔’，说要注意形象，却又把镜子当成了毒蛇！”

“爱美没有错，可是不能臭美。”妈妈斩钉截铁地说。

“你咋臭美呢？每天花在镜子前的时间不知道要多久？”

“我是成人了……”

“你们成人怎么这样，就因为比我们早出生几年，就有权力来阻拦限制我们的爱好吗？”

小千简直有些激动，对于妈妈一贯的强制手段，她无法承受，就在两天前，母女俩还发生了一场大战，小千发誓不再理妈妈，通情达理的爸爸暗地里告诫妈妈：不能强迫孩子，否则孩子的逆反心理更强。妈妈后来也道了歉，母女俩才言归于好。可是今天，难道妈妈又犯了成人强制病吗？

看到小千怒目圆睁，妈妈也意识到了什么，她低着头平静了一会儿，才抬起头对小千说："人都说年轻就是美，你现在就很美，还照什么镜子？"

"我想更美不行吗？'青春是我们的专利，漂亮是我们的追求。'"妈妈虽然缓和下来，小千可还是不依不饶，她振振有词地说。

"你说得没错，可是漂亮可不光是脸蛋好看啊！"

"漂亮就是漂亮，有时候事物本身就是事物本身，是你们这些成人，总是给出这样那样的规则、章法，世界好像变得有条理了，可是也限制了世界的自然发展。"小千说得头头是道。

"不是那样，我的宝贝女儿，"妈妈决定走温柔路线，"首先，你已经用了这个镜子，是吧？"

"嗯。"

"你从镜子里看到那个小痘痘周围有些发红，是不是？"

"是啊？感觉让我的整张脸都变丑了，而且，妈妈，你看到没有，我的下巴这块，"一边说着，小千一边抬起下颌，指着自己的下巴说道，"你看这有一个疤痕，不知道什么时候弄的，妈妈你知道吗？"

"那是你小时候淘气，磕在了桌子上，流了很多血，把我和你爸爸吓得不轻，抱你到医院包扎，后来好了，却留下了疤痕。可是不仔细看根本看不到。"

"怎么看不出来？丑死了。我都不敢把头抬起来，生怕别人看到。"

"你看到没有？妈妈不让你照镜子就是怕这一点。"

"怎么？"

"你看不到这个疤痕，是不是就不会老想着它。"

“我如果看不到它，不知道它的存在，把它暴露在外，不是更糟糕吗？你没听过那个故事吗？说两只猫掉在了烟囱里，一只猫看到另一只猫脸上很干净，就以为自己的脸也很干净，于是就那样招摇过市，结果引得周围的人大笑。”小千又开始“旁征博引”。

“如果不知道是很糟糕，可是你想过没有，我们家里有穿衣镜，你的学校又有仪容镜。一般的脸部或者身体的某个部位出现了不妥的地方，你从这里就能看到，所以不会闹出笑话。但是如果有小镜子就不同了，你总是想看得更仔细些，验证自己每一个地方都是完美的，这样，你就会发现你有那么多毛病。”

“的确是，以前阿姨们夸我漂亮，我可高兴了，可是现在谁再说我漂亮，我就感觉是在讽刺我。因为我发现我的鼻子有点矮，嘴巴向上翘得太厉害，下巴也显得很难看。”

“怎么样？当你发现你不好看，你就会感觉很不自信，经常会关注这些毛病，在不能改变时，你就企图遮掩。比如，你好低着头，结果就显得没精打采，其实，你不知道，这些小毛病根本不算什么问题，倒是你低着头，或者其他的掩饰方法，使你显得不好看了。”

“是吗？”

“是啊！另外，你看到自己的缺陷，很难释怀，所以用在学习上的时间也少了。所以我不主张你照镜子，你的青春就是最美的。没有必要在一些小瑕疵上给自己增添太多的烦恼。”

“嗯。”小千有些信服了，她决定了，明天得把镜子还给兰了。

送给女儿的悄悄话

进入中学以后，女孩子中有相当一部分随身装有镜子。这些女生不论是在课间休息的时间，还是行走在马路上，哪怕是在厕所里，也会拿出镜子照照自己。回到家里，对着那面穿衣镜，更是照起来没完没了。有些家长看到了，显得不耐烦："别臭美了，有什么好照的！"搞得大家都很扫兴。

作为女性，大概没有不喜欢照镜子的。爱美是人的天性，更是女人的天性，只是大多数人不喜欢自己成为一种浅薄的美丽，而更希望自己是很有内涵的美丽，因此才会在照镜子时左右看看是否会有人注意自己。

对于青春期的女孩子，镜子就有了更大的魔力，其实这是一种关注自我、树立自我形象的关键时期，再加上青春期时，由于身体的发育，女孩子会更加关注异性，这也使得照镜子成为了一种需要。

但是这样非常容易形成"以貌取人"的思维方式，同时，如果自己不漂亮，就会大失所望，感觉非常没有自信，而且会极端夸大自己的身体和容貌的一些小问题，并为此耿耿于怀。而另一些女生，则特别喜欢听别人说自己长得好看，并为此而骄傲和自豪，认为这就是一种资本，她们会放弃自身的努力，企图依靠天资。从这一点上说，镜子真是有些误人子弟。

青少年的心理毕竟还没有完全成熟，一般她们过分追求的都是表面上的东西，站在镜子前面观赏自己的影像就是表现之一，但是只注重外在的形式，就必然忽略了内在的本质。而作为过来人的家长与老师，自然不能对此等闲视之、放任不管。

当然，照镜子其实没有错，但是你要注意的是，爱照镜子不臭美。

第一，一定要喜欢自己的脸和身体。也许它们不是最好的、最美丽的，可是它是唯一的，而且是支持你一生的。能公正地看待自己的容貌和身体，不同其他人相比较，也不吹毛求疵，而且会说："嘿！我喜欢我这样子。"那么，你慢慢地就会发现自己其实原来很漂亮。人都说心态能造就美，就是这个道理，科学也验证，当人认为自己很美时，并反复在大脑中描绘自己容貌和身材的美丽之处，那么就会发现自己真的会变成自己想象的那样。

20世纪初美国著名的心理学家马尔兹曾指出：**青少年对外表所产生的烦恼，其心理障碍大都是在脑子里存在着一种“幻想式的丑陋”**。据他对美国的中学生所做的调查表明，约有90%的人对于自己的外表有所不满。这说明大多数人对自己外貌的“期望值”较高。特别是一部分女孩子，总以一种极度挑剔的目光来审视自己的外貌，把自己身上的一点“丑”无限夸大。人在相貌问题上，极易受自我暗示的影响。如果你以挑剔的目光先假定某一部位有点不对劲，以后就会越看越不对劲，如此将形成不良的自我暗示，进而影响自信，严重的甚至能把自己想丑了。

第二，修炼内心美。上天也许是不公平的，它给了人不同的容貌，但是它也是公平的，只有对那些最努力的人才最眷顾，当然，这里所说的努力，是把自己变得更好的正当的努力。

与外表的华丽相比，心灵中折射出的美丽光彩更加令人心动。也许这些对于你都已经是老生常谈，因为从小接受到的教育就是，心灵的美丽比外表更重要，知识、修养和内涵才是一个人应该追求的东西。但是你还是要记住，在青春期，你的任务还是内在美，你要追求知识、涵养和气质。

当然，从母亲这个角度来说，对于女儿爱美天性的任何禁锢都是没有道理的，只要是这种美的追求不是建立在完全不顾内在美的基础上，那么这种追求就是正当的，是应该受到鼓励的。所以，你应该记住：爱照镜子，不臭美！

青春期，女孩不化妆

听妈妈讲故事：

小姨有了男朋友，就没有时间陪珍珍了，这让珍珍非常恼火，因为小姨只比自己大6岁，她们从小到大一直都很亲密，可是现在，即使和珍珍在一起，小姨也显得心不在焉。

珍珍非常强烈地谴责小姨重色轻友，对妈妈说，对爸爸说，对姥姥姥爷说。姥姥打趣说：“看你对你小姨，恨不得在她背后贴上一张条幅，上书‘重色轻友’。”珍珍点点头，认真地说：“这的确是个好办法。”把姥姥姥爷都逗笑了。

小姨知道珍珍对自己不满，为了讨好珍珍，就答应满足她一个条件，珍珍如获至宝，但是她并没有立刻说明她的条件，说实在的，她还没有想好，现在自己衣食无忧，也没有什么特别需要的。

周末，珍珍又去姥姥家，她看到小姨正在梳妆打扮，气就不打一处来，又要见那个坏小子去啊，哼！小姨从镜子里看到珍珍撇着嘴，就笑了：“等你像我这么大，你肯定比我还严重！”

“我才不会呢！”珍珍不同意。

小姨不再吭声，她要认真地装扮自己，给他一个好的形象。珍珍就坐在旁边看着小姨，她忽然发现，小姨的唇彩居然非常漂亮，抹在嘴上，就像是一道光线，立刻把整张脸都衬托得很靓。她一下子有了主意，于是凑近小姨，说道："小姨，我想到那个条件了。"

"什么条件？"说实在的，小姨虽然答应了珍珍，但是她对精灵鬼怪的外甥女还是有些摸不准，谁知道她的脑子里整天都在想什么？可别到时候难办！因此，她小心翼翼地问道。

"你不用担心，我就是要你的已经用过的一样东西，其实，你也不怎么珍惜，或者说，不怎么合适！"

"什么？"

"就是，哎呀，就是你的那个唇彩！"

"小孩子，要那个干什么？"小姨立刻反驳。

"你可说了，无条件答应我！现在你反悔了。"

"不是，你见哪个小孩子化妆的？那不是太滑稽了！你妈要知道了，肯定要训你！再说，这个我还要用呢！"

"说实话，你抹上这个真的不好看！"

"真的？"

"嗯！"

小姨立刻明白了珍珍的用意，但是约会时间马上要到了，她想了想，就把唇彩给了珍珍，但是她嘱咐道："你玩玩可以，但是不要化妆，对身体不好的。"

珍珍满口答应，但是她的答应还没有落地，就几乎忘了小姨的嘱托。小姨起身走后，珍珍立刻拿起唇彩，在嘴上涂了起来，她嘟起嘴，哎呀，美丽的唇彩，真是好看。可是美丽不能自己独享，于是她决定到好朋友巍巍家去。

巍巍偏偏不在家，巍巍妈妈细细地看着珍珍，说道："珍珍越变越漂亮了！"这让珍珍如同吃了一颗顺气丸，非常舒服。

从珍珍家出来，她就直奔小健家。还不错，小健在家呢，可是她正好要去美美家，于是，珍珍就告诉小健，不如约美美出来，同时再约几个朋友，去公园里玩。小健当然很高兴这样做。因为周末作业不是很多，很快，她们就约了四五个同学。

容容最先到，她一眼就看到了珍珍的唇彩，大声称赞道："真好看啊！"随后来的几个女孩子立刻围着珍珍端详起来，眼里充满了艳羡。珍珍好不得意，为了表示慷慨，她拿出唇彩，让几个女朋友都涂一涂。

女孩子们欢欣雀跃，都要抢着第一个涂，可是容容却并没有兴趣。她说："其实，我们涂这个不好，我听我妈说化妆品里都有化学制剂，对人体不好，有一些劣质化妆品里还有毒。"

"你什么意思？说我这是劣质化妆品？"

"不是，我妈说，我们的皮肤本来是水嫩红润的，用了化妆品可能一时会好看，可是时间长了，容易让我们迅速衰老。"

"真的吗？"其他的女孩子立刻问道。

"当然，你忘了吗？我妈是医生！我妈都那么大了，可是她还是不怎么涂口红，她还说，经常涂口红的人，卸妆后嘴唇是惨白的，想想，那多吓人！"

听了这些，珍珍心里很不是滋味。

送给女儿的悄悄话

青春期的女孩子，最好不要化妆，因为你正处于发育期，过早装扮自己会影响身体健康。具体说来，要注意以下几点：

第一，不宜浓妆艳抹。人体全身的皮肤共有汗孔2000万个以上，每天由汗孔排泄大约1.5万粒体内废物。少女浓妆艳抹，无疑阻塞了体内废物的排出，这样不仅影响体温调节，还容易造成"化妆品斑疹"，影响面部的发育和健美。

第二，不宜拔眉描眉。眉毛有阻挡汗水、尘埃和保护眼睛的作用。

虽然看起来少女的眉毛和成人的眉毛没什么区别，但是它尚未完全生长发育齐全，这时拔眉和描眉等于除掉眼眸屏障，使尘埃、细菌无遮拦地直落眼眶，易患眼病。拔掉眉毛对眼眶周围的神经末梢是一种恶性刺激，会引起眼肌运动的失调，造成眼眶周围皮肤松弛，容易出现皱纹和眼睑下垂，成年后更加影响美容。

第三，不宜打耳洞戴耳坠。少女的耳朵娇嫩，这时打耳洞戴耳坠可造成人为的耳外伤，如果处理不当，还可能引菌入体，造成感染化脓或引起破伤风的危险。

第四，不宜使用健美丰乳膏。这个道理就像是下雨天浇花一样，你的乳房正在发育，你何必画蛇添足，更确切地说，使用健美丰乳膏是拔苗助长，长期使用可引起月经不调、色素沉着、皮肤萎缩变薄，还可使肝脏的酶系统紊乱，胆汁酸合成减少，容易形成胆固醇结石。

第五，不宜穿高弹裤。高弹裤紧裹裆、臀和大腿，透气性差，影响血液和淋巴循环，妨碍关节伸屈和身体正常发育，且极易造成少女外阴炎，出现外阴瘙痒、疼痛、红肿。

青春期的美丽是有原则的，如果你一味追求表面上的美丽，很可能会破坏自身的平衡系统，千万不能为了一时的美丽破坏未来的健康，因此，如果你想要化妆，也要等到身体发育好后再美不迟。

节食瘦身会害你不浅

听妈妈讲故事：

有个悲剧，想要讲给你听。

有个女孩，身高有1.7米，体重有170斤，很胖但很可爱，她从来没有为肥胖烦恼过。后来，她发觉自己喜欢上了一个很帅很帅的男孩，她真的想做他的朋友。

女孩很勇敢，在一个冬季的午后，她向他表白了，当然，她说想做他的一个朋友，那时候，女孩子还不理解爱情是什么。

男孩很挑剔，告诉她："如果你减到80斤，我就把你当成朋友。"

或许，这是男孩的一种拒绝方式，但是女孩不这样认为，她很高兴。女孩开始整天锻炼，但是锻炼的效果并不好，开始时，她不但没瘦，反而胖了。女孩发了狠，决定节食。对美味的食品，女孩一向没有抵抗力，可是这次，她却忍住了。尽管肚内已经翻江倒海，嘴里已经馋虫遍野，可是她认准了不吃饭，甚至连菜也不吃一口，就喝水度命。

不久，女孩因为没有吃东西，病倒了，被送进了医院。通过打点滴，她才又活了过来。可是她害怕，害怕又胖起来，她不想躺在这里接受任何营养，但是妈妈拉住了她。

碰巧，男孩也因为得了病来到了这家医院，当男孩看到女孩时，非常惊讶，他说："你怎么瘦得这么快。"女孩高兴地点点头，回答说："我要做你的朋友！"男孩皱了皱眉，说："可是，好像你还是比80斤胖多了。"

女孩的心又缩成了一团，她不能容忍自己在男孩眼中不好的形象，那天大雨交加，她一个人躲在屋檐下，哭了一夜。第二天，她再也不愿意打点滴，说自己已经康复，妈妈拗不过，只好让她出院。

为了免去妈妈的唠叨，女孩故意不在饭点吃饭，但是妈妈做好的饭，等妈妈转身离开后，她就全部把它倒进一个塑料袋，放到床底下。

就这样躺着，女孩瘦得非常快，终于有一天，她昏迷了，妈妈吓坏了，再次把她送进医院，可是已经晚了，女孩已经抵抗不了病魔，一朵含苞待放的鲜花就这样凋谢了。

女孩死去的时候，刚刚好80斤。

故事并没有结束，当那个男孩听说女孩因为节食而死亡的时候，觉得非常不可思议，嘲笑道："她就是怎样节食也瘦不下去啊！"

送给女儿的悄悄话

不知道看到这样的故事，你会不会流泪。虽然这仅仅是个故事，但是却很有教育意义。青春期的女孩子，都希望自己有一个苗条的身材，为的可能只是同性的艳羡，异性的惊叹，可是不能为了这个目的，就不顾身体的健康，甚至不顾生命。生命怎能如此画上休止符？

如果你很胖，节食的确能使你身上减少一些脂肪组织，但同时那些用于维持生命的养料也被你拒之门外了。因为青春期正在发育，蛋白质和脂肪等营养物质的需求呈不断增长的趋势，而为了减肥又必须刻意减少食量，这一增一减，对身体的打击是双重的，比成年人所受的损害更为严重。

青春女孩，如果盲目减肥，会因为营养摄取不足，造成月经量减少，甚至闭经，导致性发育不良。盲目节食，容易引起神经性厌食症，造成更严重的后果。

现代医学认为，营养不良是引起闭经的重要原因之一。营养不良性闭经，是身体的一种自我应急性保护反应。通过临床和实验室观察，发现长期营养缺乏、慢性消耗性疾病或在机体对营养物质的需要量相对增加而摄入不足的情况下，都可导致内分泌系统的功能障碍而诱发闭经。女孩子闭经后，如果长期得不到纠正，会影响子宫、卵巢的正常发育，导致今后生育困难或不育。

女性要健美，必须要有适量的脂肪。脂肪多了，体态臃肿，固然不美；但脂肪过少，会显得皮肤干燥，面容憔悴，肩胛骨突出，胸脯扁瘪，臀围纤瘦，既谈不上形体美，又缺乏少女应有的朝气和魅力。

通过节食瘦下来，这样的身体，常常弱不禁风，也难以胜任以后的日常工作学习，使生活暗淡无光，这又有什么美呢？看来，少女培养健康的审美观，实属必要。

美国哈佛大学爱里特博士研究认为，少女体内至少要有占体重17%以上的脂肪，才能促使性的成熟，出现月经初潮；而要具有怀孕和哺乳能力，其体内脂肪含量必须占体重的22%以上。

有的女孩自认为肥胖，其实只是体形稍显丰满，而体重却是正常的；还有的是在青春期的某一阶段，发育比较迅速，只是暂时性的体重超标，稍加注意后，过一段时期就又恢复正常。即使真的肥胖，采取减少营养食物的方式减肥，也是非常不科学的。你其实可以少食多餐、控制食量、多喝水、多吃蔬菜、少吃肉、多运动、少卧床。

总之，你要学会欣赏自己并且喜爱自己的身体，而不管它是否合乎时尚，这是走向成熟的一大步。而且，如果你能够努力地去发现自己身体的迷人之处，其他人也会这样做的，至于它是否是那种所谓的出色的或最迷人的身体，其实无关紧要。

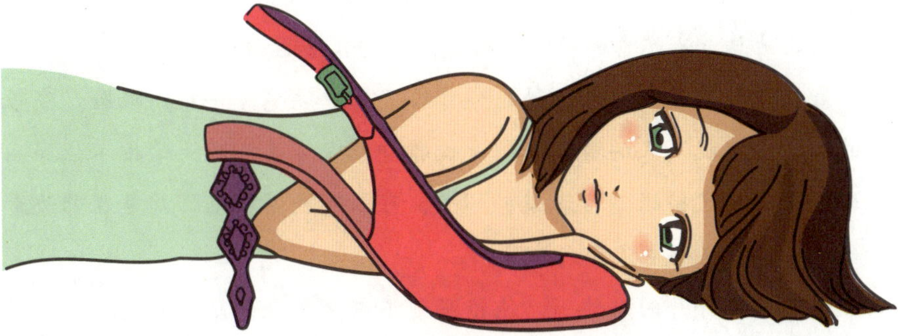

高跟鞋，你还是再等等吧

听妈妈讲故事：

俊雅是一个很漂亮的女孩子，成绩也不错，但是她却有一个小小的心病，那就是太矮，这让她一直快乐不起来。更令她不快的是，一些同学管她叫“拇指姑娘”，虽然她知道对方是表达一种亲切，但是还是有些郁闷。

那天，俊雅在校外路上走着，一个低年级的学生忽然拦住她，叫她：“妹妹，看你的校服和我应该是一个学校的，你知道咱们学校今天有没有升旗仪式？”

俊雅认识这个孩子，她是同学王晓光的妹妹，她曾经到俊雅的班级找过王晓光。俊雅愣在那里，仰头看比自己高出一头的学妹，她甚至都无法开口纠正，自己是她的学姐。

班级里的女孩大多个子高挑，在她们中间，俊雅总觉得抬不起头来，因此她总是不愿意和同学一起走，宁愿躲得远远的。

好友丹丹看不下去了，她给俊雅出了一个主意——穿高跟鞋。高跟鞋的确能迅速提高人的身高，但是俊雅却愁容不展，因为学校不让穿高跟鞋。丹丹挤了挤眼睛，说道："哎，可以穿内增高鞋。就是在外边看不出来的。"这个主意可太妙了。

周末，在丹丹的陪伴下，俊雅买到了内增高鞋，简直太完美了，从外面一点也看不出是高跟鞋，可是却一下子高出了一大截。俊雅对丹丹简直是感激不尽，立刻就换上了新鞋。

逛了一天街，回到家，俊雅的脚痛得难受，就在她揉着脚龇牙咧嘴时，妈妈进来了，看到自己的宝贝女儿一副痛苦的神情，真是心疼，她又看了看地上的新鞋，经验丰富的妈妈一下子就明白了。

她问道："这鞋舒服吗？"

"一点儿也不舒服。"

"当然了，你要美，当然得付出代价了。"

"妈妈，你知道这个是增高鞋？"

"嗯，可你买这个干什么？"

"还不是因为你把我生得太矮啊！"

"你正在长个，怎么能说自己矮呢？你三婶的弟弟到了20岁还是只有一米六多一点，看起来还没有你三婶高，可是等到23岁时，他已经1.75米了。"

"啊？那太夸张了吧，听着也不像真的。"

"是真的，当然，他可能是特例，但你现在还小，还有好多年的成长机会，现在不长，不代表未来不长，如果现在就穿高跟鞋，很可能影响了身体发育，就再也不长了。”

“是这样吗？”

“妈妈有个同事，总害怕自己不高，心理都有点变态。比如说，迎面走来一个女孩，她第一反应就是目测她的身高。如果高于自己，她就会非常嫉妒，一定要跑到鞋店，买一双超高的鞋才行。”

“她怎么会这样呢？”

“她是在表达自己的不自信啊。她去看了心理医生，医生说她有身高恐惧症。”

“还有这种病？”

“所以，你一定不要认为自己太矮，即使你将来真的很矮，也没有关系，不是有很多伟人都很矮吗？潘长江不是还说了吗，浓缩的都是精华。”

俊雅听了妈妈的话，决定明天不穿高跟鞋了。

送给女儿的悄悄话

有一个小孩看到一只美丽的蝴蝶正在破茧挣扎，很是痛苦，他就来帮助它快快成长，蝴蝶很快破茧而出，可是却再也不会飞了，而且不久就死了。这说明所有美好的事物都是需要等待的，如果太着急，不仅不会欣赏到它的全貌，反而会失去目睹美丽的机会。高跟鞋也是如此，它虽然美丽，可是只能伤害青春期的女孩子。

青春期的女孩子身体正处于生长发育阶段，骨骼还很柔软，富有弹性，可塑性较大，容易发生变形和弯曲。而长期穿高跟鞋可导致骨盆和脚部变形。

穿高跟鞋时，为了平衡重心身体必然前倾，背部就要稍弯曲，膝关节被动僵直，臀部也需稍凸出，全身重心都必须移在脚掌上，而足趾就要挤压在鞋子的尖端，长此以往，就会影响这些部位的骨骼发育。

骨盆是身体传递重力的一个重要部位，穿高跟鞋时，由于身体形状的改变，身体重量传递也发生了变化，使骨盆的负荷量增加，骨盆两侧被迫内缩，经常穿高跟鞋，会造成骨盆入口狭窄，骨盆入口狭窄容易导致孕妇难产。另外，由于压迫和牵拉神经与肌肉，还可发生腰酸腿疼。而穿平底鞋站立或走路时，全身的重量都落在两只脚上，身体的其他部位不会产生压力。

在足骨还没有发育成熟的时候，鞋太小、太紧都会影响足骨的正常生长。而穿高跟鞋，脚自然会往前移，就会使趾骨和跖骨由于受力过大而变粗，从而影响趾跖关节的灵活，容易出现足跟疼痛、膝关节疼、趾骨骨折和其他足病。

美丽重要，但健康更重要，因此在青春期你最好不穿高跟鞋。

你想成为一个优雅的女孩吗

听妈妈讲故事：

窈窕淑女，君子好逑。这是亘古不变的真理。这不，泰英最近就忙着在整顿自己，她要变成淑女！要问为什么，我们还得从头说来。

怕影响学习，妈妈决定要剪短泰英的头发。泰英虽然不满意，可是也没怎么反抗，就跟着老妈去了理发店。

坐在理发店里，理发师给泰英剪发，妈妈在一旁嘱咐说："理发师，给她剪剪，剪得越短越好！"气得泰英白了妈妈一眼。

从理发店回来的路上，妈妈很高兴地左看右看，喜笑颜开，说这发型太适合泰英"太能疯"的性格了。而泰英则愁眉苦脸，她在心里早就羡慕那些长发飘飘的女孩了，可是，哎！这理发师，都快把自己给剪成"秃头"了。这种发型，哎……

第二天，泰英和妈妈逛商场。妈妈在看化妆品，旁边有很多促销员，大概有一些认识妈妈。忽然，一位售货员笑眯眯地走过来问泰英："请问你是男生还是女生？"旁边的阿姨都笑了，妈妈也在笑，泰英好尴尬，脸不由得红起来。

经历了这般"是男是女分辨案"，泰英决定一定要按照自己的方式，做个优雅女孩，她开始注意起自己的打扮了。她让妈妈给她选了一条粉色的裙子，妈妈反对说："从背影看，这男式短发配裙子，是不是有点不伦不类？为了个人的整体形象……你还是选择颜色淡一点的裤子吧。"

泰英坚决不同意，没办法，妈妈给她买了粉色的裙子，她还要了一条花手绢，虽然不知道自己会不会拿来用，但是看那些古装电视剧，那些窈窕淑女们不是都拿着一条手绢走来走去吗？看着也优雅。

回到家，泰英换上那条粉红色的裙子，拿着手绢扭动身躯走了起来，惹得爸爸哈哈大笑，泰英拿起手绢捂着嘴，微微地笑了一下，说道："先生，请您注意点形象，张着那么大的嘴笑怎么行？"爸爸笑得更夸张了。

"怎么？我的宝贝女儿，剪了一个短发后，决定做淑女了。"

"是的，先生，我的目标是淑女，下一次，我一定不会让妈妈再给我剪头发了。我要做一个长发飘飘的淑女。"

"你以为留长头发、穿粉裙子就是淑女了？"妈妈在一旁反驳道。

泰英并不说话，她回屋拿来了二胡，对着爸爸妈妈鞠了一躬，说道："下面请欣赏'淑女二胡'。"说完，优雅地坐在沙发上，摆动手指拉起来。

一曲完毕，爸爸和妈妈鼓掌喝彩，但是妈妈还不忘记泼凉水："也不是会琴棋书画就是淑女。"这一下，泰英恼了，她大声喊道："你不公平，你就想要我做不成淑女。如果这样还不淑女，那什么是淑女？"

"琴棋书画样样精通固然好，但是像你这样一点不会控制自己情绪，冲着妈妈大吼大叫，怎么能是淑女？淑女就是知书达理、谦逊文静、很有内涵的女孩子。你要做一名淑女，需要修炼的地方还多着呢！但是其实只要知书达理，有内涵，并一定非要做淑女，活泼的也不错啊！妈妈就是因为喜欢才给你剪了这样一个发型。"

"真是哪壶不开提哪壶。我要做淑女！"泰英有些委屈，她真的很想向全世界说："我想做淑女！"不过，她也明白，妈妈说的话很有道理。妈妈看泰英沮丧的样子，说道："其实，你的很多地方已经显得很有内涵，只要不再慌里慌张地做事，你就是一个很优雅的女孩子啊。你说是不是？"最后一句话当然是对爸爸说的。爸爸连忙点头："当然，上次我和泰英在饭店吃饭，遇到了我的同事，泰英打招呼非常得体、礼貌，事后我同事一个劲夸奖泰英，说她真是一个举止优雅的大姑娘。"

听了爸爸的夸奖，现在泰英的心里很高兴！

送给女儿的悄悄话

现在有很多性格比较像男孩子的女孩子，父母们都怕压抑了她们的个性，因此没有强迫她们学习做所谓的淑女，另外，和男孩子一起成长，使得女孩子也有很多男孩子般的活泼特征。

但是这并不是说，女孩子就可以站没站相，坐没坐相，没个女孩了的样子。一些基本的礼仪还是应该学习一下，毕竟这是显示教养的地方。因此，你要注意以下方面：

第一，为了表示对对方的尊重，在有长辈的正式场合，不要有多余、造作的动作，也不能像个孩子一样做出夸张出格的事情来。

第二，要学会优美的站立姿势。优美站姿的重点在脊背挺直。下腭后收，眼睛平视前方1米左右，脚跟靠拢，双手五指合拢交握在前方；从侧面观，头顶经耳屏前、肩峰、大转子、腓骨小头前和外踝的各点，应在一直线上；从前后观，脊柱、头和两足跟间应在一垂直线上，两肩、两髋应水平。脊柱呈正常生理弯曲。这种科学的立法，有利于身体健康发展，体现出女性整体的优美风姿。你要长期练习，自然就会成为你的风格。

第三，坐要有坐相。坐姿是“整体美”之一，只顾身体的美感而忽略了坐姿，美就有了缺点，所以保持优雅的坐姿，也要有昂然爽朗的精神。坐得要安详，不能坐得过深，一副懒洋洋的样子，要挺胸收腹，身体微微前移。少女由于骨骼还没有发育完善，故应少坐沙发、矮凳子。坐下后要呼吸协调一致，两肩端正，手臂自然放好。双脚略向斜后方收，鞋尖一致，避免叉开双腿和跷二郎腿以及其他不良坐姿，否则会阻碍腿部血液循环。开始就靠在椅背上是不礼貌的，特别是公开场合，或者去别人家做客。

第四，如果连最基本的走路都走不好看，还谈什么优雅的举止和美观的仪态呢？因此走路的姿势也非常重要。

具体来说，走路用腰力，要有韵律感，有信心，抬头挺胸，伸直背部和腰，少女最忌讳的走姿就是弯腰驼背，一副垂头丧气、精神不振的样子。走路时的心情要放松，不要拘束自己，自然轻快地迈开脚步。双手作适度的摆动，不可太过夸张，同时要特别注意两脚不可过于张开。

虽然现在的教育早已经不再束缚女性的个性，但是即使是现在的社会，作为一名女孩子，仪态优雅一些还是会更受欢迎。

使你的胸、腰、腿变美的健康方法

听妈妈讲故事：

瑜伽原本是古印度僧人的一种修行方法，如今成为人们的运动方式，风靡全球。

为什么瑜伽这样受欢迎呢？因为它集美体、减肥、减压甚至治愈或者减轻病症于一身，就连一些小姑娘也加入了练瑜伽的队伍。阿紫就是这样一位女孩子。

阿紫的妈妈是健身教练，因此，见到女儿身体非常弱，又懒于参加运动，就把她揪到瑜伽会所进行训练。

效果果然不错。刚开始练的时候身上有点疼，这让阿紫好不烦恼，无奈妈妈威逼利诱，告诉她这样可以塑身，美腰、美腿、美脚，阿紫是一个爱美的女孩子，就这样坚持下来，没想到，一个月后，体重居然减了有七八斤，身材变得好看多了。

但是妈妈说，其实瑜伽只不过是一种锻炼方式，对于青春少女来说，应该多参加体育活动，这样既能保持身体健康，同时还能塑身。因此，建议阿紫要多参加别的活动。妈妈只不过是不经意地一说，没想到这回阿紫却格外听话，即使晚上熬夜做作业，第二天早上也不忘记起来跑步，周末的时候还参加一些团体活动，比如登山、骑自行车野游等。

送给女儿的悄悄话

青春期少女不应该缺少锻炼，这不但是健康问题，而且对身体塑型非常重要。因为处于青春期时，身高基本定型，体重明显增加，骨盆发育日渐成熟，心血管和运动器官发育却较缓慢，表现为肩带窄、胸廓小、肺活量小、肌肉收缩力和耐久力差，出现躯干四肢与内脏器官发育不平衡的现象。同时由于性激素的影响，**女孩开始表现为腼腆，不好动，自尊心强，但却非常爱美，对形体变化敏感，迫切希望获得优美的体型。**

这就出现了矛盾，既要好体型，又不想锻炼。如果惰性形成，不愿意锻炼，身材也就很难塑起来。因此，一定要在这个时候形成锻炼的习惯。

少女形体锻炼主要是胸部、腰背部、大腿和臀部的锻炼。下面是一些比较实用的形体美锻炼技巧。

第一，胸部锻炼方法。

双膝跪地，手臂伸直撑地。向下做屈臂动作，直到下颌和胸触地。屈臂时注意臀部不要后引。身体重心在手上，手臂支撑体重，静止片刻，使乳房充分下垂，然后再撑起。重复8～10次。或者仰卧地上，向上做挺胸动作，到极限时静止片刻。注意，挺胸时头和臀部不得离地。重复做6～8次。

第二，腰背部锻炼方法。

仰卧起坐，做6～8次。做时注意挺胸直腰。

第三，腿部的锻炼方法。

腿的曲直直接影响形体美，太粗或太细皆不美观。有空便应反复地立起脚尖，再放下，这样可以运动脚底肌肉，紧缩小腿线条，每次最好练到小腿肌肉有些酸痛，屈膝和在楼梯上（半个脚掌着地）做效果更好。

或者背靠墙站直，双臂侧平举，掌心贴墙。然后，左腿前抬至齐腰高度、再尽量向右摆移，还原。重复6次。换右腿做相同动作，重复6次。注意，腿举摆时膝盖始终要伸直。

在女性曲线中，臀围相对不易改变，最容易改变的则是腰围和胸围。一个腰围超标而胸围偏低的女性，是没有完美的魅力的。伸展运动、体操运动、跑步运动、球类运动等则有利于降低腰围指数，防止肥胖发生，防止脂肪过度沉积在腹部；而一些健美操、热身操，特别是可以加强上肢和胸大肌锻炼的舒胸展臂、弹跳活动，可有效地使胸部变得丰满。

在坚持上述锻炼的同时，还应做些走、跑、跳、身体波浪运动和柔韧性锻炼，以全面锻炼身体，塑造健美的体型。

现在，让我们“脖子扭扭，屁股扭扭，　起来做运动”吧！

第7章

情窦初开：爱情不知不觉袭上心头

某个鸟语花香的清晨，那叶片上的一滴露水里乍然凸显了一个人的身影，蓦然一惊，左顾右盼，却只不过是自己的一个痴梦。情窦初开，相思愁惹人恼，才下眉头，又上心头，何以如此剪不断、理还乱？青春期，每个女孩子都有这样的故事，爱情真的是像潮水一样扑面涌来，挡也挡不住，迎接却又不可能，怎么办呢？

相思豆发芽了怎么办

听妈妈讲故事：

小雅最近变得郁郁寡欢，就连最要好的朋友甜甜她也不愿意和她一起玩耍，总是一个人坐在座位上，看着窗外发呆。

小雅有一切女孩子的特征，她有一头乌丝，不长，但很飘逸。当她从你身边走过时，你可以闻到一股幽幽的花香——那是她头发的香气。

她还有一个很淑女的爱好，就是喜欢收集各式各样的小饰物：小巧可爱的、精美别致的，她都喜欢。

小雅吸引了不少男孩子的目光，但是小雅对此并不在意，她的眼里只有昊——一个在甜甜眼里胖胖的普通男孩。

那天，甜甜因月考非常糟糕刚从英语老师那挨完训回来，正是需要小雅安慰的时候，可是她却发现小雅和昊坐在一起有说有笑。甜甜细心地看了一下，她发现小雅的笑容那样灿烂，春光洋溢在脸上，好不幸福。甜甜心里很不是滋味，她甚至认为小雅背叛了自己。

但是甜甜并没有意识到小雅和昊会有什么问题。直到那天放学后，小雅忽然跟甜甜摊牌说：“甜甜，对不起，我的相思豆发芽了！”甜甜不明白这句话什么意思，愣愣地瞪着小雅。小雅苦笑了一下，那种笑容让甜甜看了觉得好心酸。甜甜把手放在小雅肩头，说道：“有什么苦恼，跟我这个朋友说吧！我还可以借你肩膀靠一靠！”说完，很慷慨地把肩膀递过去。

小雅又是一声苦笑，没有声音的苦笑，她眼里盈满了泪水，说：“甜甜，恐怕这次，你是没法解决我的问题了！今天，今天……”

“今天怎么了？课堂上也没有出现什么问题啊！”

“不是，是……”

“到底是什么？”

“昊没有来，我有些心神不宁！”

“什么？”

甜甜简直不敢相信自己的耳朵，这算什么？小雅并不回答，她微锁着眉头，眸子里满是焦虑，甜甜再也忍不住了，她一直不愿意相信的同学们的传言在一刻间竟然被自己的好朋友用表情验证了，她劈头盖脸地问这个站在面前的好朋友：“小雅，为什么？你为什么要有这种想法？你知不知道我们现在学习最重要？”

小雅何尝不知道呢？否则，她为什么会如此忧心烦恼呢？可是这样的话怎么跟甜甜说呢，看着她不谙世事的样子，即使说了她也很难理解。小雅有一种被所有人排斥的感觉。她不禁抱着甜甜大哭起来："怎么办啊？我不可救药了吗？"

甜甜沉默了！她不明白小雅为什么会这样。她不顾友情抛下自己，她不再和自己一起谈笑、听音乐，都可以不怪她，可是她原来并不快乐，甜甜为难了。路旁，有一家音像店里正播着一首缠绵的情歌，甜甜忽然感觉很惆怅，成人的世界真的是好复杂啊，我不愿意长大！

送给女儿的悄悄话

进入青春期，女孩子陷入情感旋涡之中并不少见，似乎一夜之间，就对一位男孩产生喜欢、倾慕甚至依恋的情感，还会因为喜欢一个男孩而心烦意乱，魂不守舍。如果只是这样的相思倒也罢了，可是耳边回荡的总是家长和老师的"不要"的声音。女孩子一方面感觉到压力重重，但另一方面情感的涟漪却无法平息，真是苦不堪言啊。

处于青春期的年轻人对异性产生朦胧的好感是很正常的，由于心理发育并不完善，相对较弱的自我控制能力使她们即使是在上课的时候，也可能让思绪如脱缰的野马一般随意遐想。

女孩子的羞涩使她们不知道如何去面对自己的感情，她们不想沉迷，可却没有办法摆脱。如果此时再遇上父母、老师甚至朋友的围追堵截，那么女孩子就感觉天要塌下来了，这时候她们就会走向极端，要么走进"早恋"的旋涡，要么麻痹自己做个木头人。

这两种做法显然都不妥，其实，首先你要理解自己并能面对问题，因为这样心境就会相对平静一些，我们都知道，相思的心绪就像是一棵小草，越遇到重压，它生长得越顽强。

因此，对异性的关注之心既然产生了，就没必要去刻意压抑和否定，内心的交战往往是自己打败自己。刻意忘记恰恰说明你还在惦记着，不能释怀。因此你不必慌张，以顺其自然的态度接受它即可。

接下来，你还要做一些工作。**既然“喜欢”上了一个人，你完全可以和他接触，更多地了解对方并使对方了解自己，然后对对方做出正确的评价。比如，他有哪些优点，如果优点很多，那么你有没有这些优点，如果你没有，那么你们是不般配的，你就要努力学习他，积极上进。另外，他肯定有很多缺点，再找一找他的缺点。**

随着时间的推移，或者随着你对那个人的考察，你可能会发现他并不像想象中的那样令自己倾心，那么你相思的情结就不会浓得化不开了，情绪不再像从前那样高涨，让你辗转难眠。反之，如果压抑、封闭自己的感情，只在内心通过不断地遐想“独享”感情，往往会陷入胡思乱想的怪圈。因为脱离现实的期待不是建立在真实的交往上。

当然，作为学生，你应该适度地调配用在这方面的时间和精力，否则便是一个不称职的学生。如果你作为一名学生都不称职，那么，你又如何保证在以后的工作生活中能称职呢？所以，你要理解父母和老师的禁止是有一定道理的。

总之，相思豆发芽了，没什么大不了。顺其自然，你可以看着他，关注他，但也别忘了自己，别忘了学习。

爱慕但不要早恋

听妈妈讲故事：

一场春雨后，杨柳树渐渐地泛出了绿色，而小杨柳，心中也泛出了一抹颜色，她说不上那是什么颜色，或许是绿色，或许是别的什么颜色，因为她喜欢上了一个男孩，他的名字叫雨。

因为这个名字，杨柳只要遇到雨天就莫名其妙地兴奋，同时想到杨柳树和雨水的关系，她也不由得要战栗一番。

杨柳和雨是同班同学，也是很要好的前后桌。杨柳一直把自己的心思深深埋藏在心底，因为，她不想因为自己的告白而影响自己和雨的关系。杨柳知道，雨是不会喜欢自己的。

每天，杨柳都在默默地为雨写日记，记录着发生在雨身上的一切。杨柳觉得自己很幸福了，虽然雨并不知道杨柳的心。杨柳决定，要为了雨而努力，争取考上自己梦寐以求的北广，虽然有时候，她也觉得这样的心思未免太让人难为情。但是她的决心没变，无论自己现在多么喜欢雨，也要等高中毕业后，等到长大成人的那一刻，等到自己拿到北广通知书的时候，再向雨表白。

杨柳是痛苦的，她会因为雨而分心：看着雨和其他女孩聊得很投机，杨柳会心烦意乱；杨柳是快乐的，因为自己和雨谈得也很开心。尽管每次杨柳都有一种向雨表白的冲动，但是，最终她还是选择了忍耐，杨柳可不想因为一个对现在来说不实际的幻想破坏了一生的幸福。她要考上北广，努力证明自己的实力。

日子是艰难的，可也是迅速的，高中的最后一年很快过去了，雨和杨柳都过得很快乐。高考结束，杨柳如愿收到了北广的录取通知书，她高兴，同时也很惆怅，一旦到了该表白的时候，她却不知道该从何说起。就在这时，她接到了雨的电话，电话里，雨约杨柳出去走走。

走在公园的小路上，雨对杨柳说："其实，我喜欢你已经快两年了，但一直没有说，因为怕说了以后，会影响你的学习。所以，一直都在暗暗地关注着你。"什么话也无法形容杨柳的兴奋，自己喜欢的男孩喜欢自己，还有什么比这更让人快乐的呢？杨柳洋溢着快乐的脸庞给了雨信心，他告诉杨柳，他也考上了北广，是为杨柳考的。高三那一年，为了考上北广，为了能和杨柳考到一个学校，雨发奋学习，终于如愿以偿。杨柳在心里直喊：我也是的，我也是的。可是她激动得却什么也说不来，只是蠕动着嘴唇傻呵呵地笑着。

杨柳没想到，爱情有这样大的功效，会让雨的学习越来越好。杨柳给雨看了一年多来为雨写的五本日记，她向雨讲述着这一年多来的心情……

雨和杨柳的故事一下子传遍了高中的校园，同学们羡慕他们的成功和幸福的感情，同时也为自己的那份感情找到了最好的寄托。他们相信雨和杨柳说的："假如有了喜欢的人，请暗暗记在心里，为那个人去努力吧！不要因为感情而耽误学业。"

送给女儿的悄悄话

几乎在踏进青春的门槛时，女孩子就接受了父母的"不许早恋"的告诫，虽然对这样东西还懵懵懂懂，可是那种恐惧的感觉早已经袭上心头。

但是，那种说不清的滋味还是来了，由于营养的支持，性激素的分泌，第二性征的出现，心里渴望了解异性，接近异性，处于异性倾慕期，这是早恋吗？女孩分不清。

我们已经说过，对异性产生好奇与爱慕是一种正常的心理，这并不等于早恋。从心理角度看，这只是一种倾慕、爱慕。

倾慕与恋爱有着本质区别。倾慕一个异性是青少年成长中的必然表现，这既是人性的本能，也是人生的乐趣。认为倾慕必然产生恋爱关系是武断的，而恋爱则是将此付诸行动，执著地去追求一个异性目标，领略其中的苦与乐。

因为倾慕有时候也会产生与异性交往的问题，因此一些家长、老师，甚至孩子自己也分不清是否产生了早恋。

这个时代的青少年虽然对于爱情从小开始就"耳濡目染"了，看的是爱情电影，读的是爱情故事，似乎对于"爱"很了解，但却不十分清楚什么才是真正的爱情，自己真正需要的是什么。借用张爱玲的一句话："很多孩子忙于谈恋爱，却没有时间真正地恋爱，而尚不成熟的学生更不懂得什么是真正的爱。"有的是把对某个异性的好感当成了爱，这是一种"假性的爱"。

"早恋"对一个孩子的伤害不言而明，但是这个时候的爱慕却是可以的，因为爱慕可以培养和训练一个人，去追寻一切生活中最高的美德，去寻求自己最完美的价值，从而使自己的生命趋向完整。这样，既不会破坏青春期对异性好感的美丽而朦胧的情怀，又能保证自己不至于停滞不前，同时，也给了心理成长以时间，达到最完美的境界。

因此，开明的妈妈们都会允许女儿爱慕一个优秀的男孩子，甚至可以把他作为一个时期的目标，而不会做一些严厉禁止的规定。因为孩子们容易被爱情的浪漫光环迷惑，禁是禁不住的。

不过孩子，你绝对不能早恋，你可知道，**爱情两个字非常辛苦，爱情需要责任，付出时间、金钱，甚至身体**。首先，你的身体和心理还没有达到成熟的程度，那么，你能为你心里那份美好的爱情做什么样的准备呢？

如果你只是喜欢那种追逐与被追逐的快感，那么你的爱是不幸的，也是非常不成熟的。有一位中年知识女性，把上初中的女儿叫到身边，指给她看窗外一个一边修理自行车一边骂街的老年男子，说这就是自己当年暗恋的第一个男性。女儿吃惊地看着母亲，大惑不解，母亲平静地告诉女儿："最初的爱是不成熟的，盲目的，也是多变的。"

如果你现在就急着早恋，你如何保证自己不碰到让自己后悔一生的角色？也许有一天，《大话西游》的台词会被你改成：曾经有一份友谊摆在我面前，我没有珍惜，把它变成了爱情，可是如今我为自己不成熟的判断而后悔不迭。无论如何，把那份爱慕之情埋在心底吧，看着那个他，激励你自己成长。一句话，要珍惜友谊，慎言爱情。

陌生男生喜欢你不要惊慌

听妈妈讲故事：

青青低着头出了校门，忽然，一个陌生的男生站在她面前，她吓了一跳，学校虽非闹市，可街上人并不少。“怎么？要抢劫吗？”青青紧张地看着那个男生想。他似乎很羞涩，张了张口，却什么也没说出来，猛然塞给青青一样东西，转身跑掉了。

青青紧张的心情这才放下来，可是她很奇怪，举起男生塞给她的东西一看，居然是一个MP3，是她一直希望拥有的，可是拿着这个东西，她一点惊喜也没有，头上像顶着乌云，心情也很郁闷。

在班上，同学们传说校门口总是有坏人专找女生交朋友，但是青青立刻又跟自己辩解：这个人看上去不像坏人。人比较文雅、礼貌，那么害羞，只是不知道他到底怎么认识的自己。

第二天放学后，那个男孩子又在学校门口等，青青心情很乱地退到了校传达室的后面，虽然她并不排斥和男生交朋友，可是总觉得对一个根本不认识的人，危险性更多。

第三天，青青和好友晓珊说说笑笑地走着，忘了校门口男生的事，直到那个男孩子跳了出来她才恨自己怎么这样粗心。这回，那个男生却非常大方，他一本正经地站在两个女孩面前，先是低着头行了个礼，然后说："我是二中高二年级的许曙光，听我的一个朋友介绍认识了一中高一年级的李玉青，还知道了王晓珊是李玉青的好朋友。"

青青和晓珊都愣住了，晓珊盯着青青问道："怎么回事？老实交代！"青青张口结舌，不知道该如何回答。没想到许曙光接茬说道："我只是想做青青的'哥哥'，保护她，因为现在的社会不安定因素太多。瞧你们两个都这么漂亮，独自行动会很危险。"

晓珊是一个泼辣的女孩子，她立刻反驳道："如果你不在身边，青青会更安全一些。"

许曙光显得很尴尬，他看着青青，忽然问道："那个MP3，你喜欢吗？"

"什么MP3？"晓珊奇怪地问道。

青青更慌了，她连忙从书包中找出来，她那天就想还给他了，可是就是感觉很害怕，才没有与他见面。现在，趁着晓珊在身边，她赶紧把MP3塞给许曙光，然后拉着晓珊仓皇跑掉了。

快到家了，晓珊停下来，她转过头，认认真真地看着青青说："莫非你们早就认识了？"

"没有，怎么会？那个MP3是他前天塞给我的，当时我还来不及反应，他就跑了。后来就没有见着他。"青青连忙解释。

"真的吗？"

"我怎么会骗你！我就是感觉很害怕。"

"如果你真的和他交往，那才糊涂。根本不认识他，太危险了。"

青青点了点头，心里却有一种莫名的滋味，是兴奋？听到许曙光赞扬自己，是满足？和一位马路天使认识也很有情调，但是也惆怅，也恐惧。

送给女儿的悄悄话

未成年少女要懂得保护自己，多参与集体活动，但是要避免与男性独处。这大概是所有父母都告诉给女儿的一句话。可是如果对方是一个有籍可查的人，并且还坦诚地把自己的情况详细告诉给女孩，这时候女孩子通常就不知道怎样判断了。

少女们都喜欢甜蜜的朦胧，与异性交往，写情书、递纸条和赠送礼品是每个孩子潜意识里的渴望，虽然她们一直在告诫自己不能那么做。但是，面对一个陌生人的甜言蜜语，还是拒绝为妙。为什么呢？

虽然他有籍可查，但是你没有时间去考察他，你们毕竟生活在不同的环境中，不像是同班同学，或者同校同学，他的一举一动你都了如指掌。这不利于你判断他的人品好坏。虽然妈妈不会阻拦你跟男生交往，但是一个陌生的男生肯定是妈妈阻拦的对象，因为不确定因素太多。任何一个妈妈都不愿意自己的女儿进入危险境地。同样，换作你，你能甘心把自己交给危险吗？

当然，当陌生男孩突然向你表示好感，你不能以戳伤对方自尊的说法向对方表白自己的态度。妥善的办法是：先暂时把这件事放一放，待到自己平静以后找一个合适的机会，坦诚地向对方表明自己的态度，在婉转拒绝的同时，尊重对方那份美好的感情。需要注意的是，千万不要当众严词拒绝或者羞辱对方，这样不但会戳伤对方的自尊心，甚至可能酿成一场悲剧。

不管怎么说，有陌生男生喜欢你，先不要惊慌，也不要一下子陷入被人追求的兴奋之中，你要冷静下来，为了减少危险，明确拒绝可能是你最好的出路，只是你要掌握委婉拒绝的方式。

爱，不能轻易脱口而出

听妈妈讲故事：

婷婷读高中那年，喜欢同班的冬青。那时，婷婷的学习成绩不理想，而家庭境遇也很糟糕，婷婷有一种破罐子破摔的想法。到高三时，她忽然决定：既然考大学没有希望，不如收获一份爱情。做这样的决定，连她自己也吓了一跳，可是既然已经做出决定，她就决定执行下去。

婷婷的父亲是下岗工人，一边干着清洁工的临时工作一边和母亲经营着一份不死不活的小生意。那时候，婷婷的母亲常说，婷婷啊，家里肯定无法帮你了，就看你自己的了，考上大学，有个正规的工作，你有前途，到时候还可为爸妈分担忧愁。婷婷没有反驳，表面答应认真学习，可背地里还是决定向冬青告白，并且开始写情书给他。

婷婷知道，冬青肯定会拒绝，因为他可是班里独占鳌头的人物，学习好，人缘好，容貌好，体育好。而且一个女孩子给男生写情书也的确很难为情，但或许是抱着没有自尊的自尊心理吧，婷婷有一种赴死的决心，她就是要给自己难堪，报复自己非常糟糕的生活境遇，拿不上台面的学习成绩。她在情书的背面，大大方方地写道："我爱上你了！"

或许是这几个字起到了震撼的作用，让婷婷没有想到的是，冬青居然回信了，并且约婷婷去公园里游玩，婷婷简直兴奋地想要蹦起来。于是她对妈妈说："妈，我要买高考复习资料，需要50块钱。"妈妈说："要买资料，是考大学用的资料？我去抽屉里找去。"妈妈摸摸索索地凑齐了50块钱，里面夹杂着好几张一毛钱和两毛钱的钞票。有一刹那，婷婷的心里一酸，觉得自己是一个不孝女，可是马上与冬青见面的激情又把她迅速拉回到了兴奋的境界中。她换上了最漂亮的衣服，然后快跑着去商场买了一条小丝巾，然后赶往公园。

冬青和婷婷到公园里游玩，买瓜子，逛风景点，这时婷婷忽然发现一个熟悉的身影正打扫着她和冬青扔掉的瓜子壳，定睛一看，那人居然是父亲。这时父亲已发现两个人了，婷婷的心都快蹦出来了，但父亲什么话也没说，走远了……

冬青并没有察觉婷婷的变化，他又拉着婷婷往前走，显然，他有话要说，他在心里盘算着怎么和婷婷坦白，他不喜欢婷婷，但是又不想伤害婷婷。而婷婷也正思考着回家如何面对自己的父母。

最终冬青告诉她："婷婷，非常感谢你能够喜欢我，但是，我们现在根本承担不了责任。爱，是不能轻易脱口而出的，所以，我希望你还是好好学习，考上理想的学校，那时候我们再交往也不迟。"

婷婷立刻明白了冬青话里的意思，他似乎认准了她没有能力考上好学校。忽然，婷婷感觉到很悲哀，自己为什么要这样糟践自己呢？她什么也没说就独自走了。身后，冬青还在解释着什么，可是她什么也听不见了。

晚上，父亲到婷婷卧室里来问她："婷婷，你是有喜欢的同学吧！那男孩长得好帅，看起来也很能干的样子，我在你的同学录上查到，他叫冬青，对吧？"

婷婷没有吭声，她已经做好了挨批的准备。没想到父亲态度如此和蔼，他说："我知道他是班里最棒的男孩子，和这样的男孩约会，你肯定非常有面子。可你如果没有考上大学，没有工作，恐怕你跟他在一起的机会都没有了。"这一句话一下子戳到了婷婷的痛处，眼泪不由自主地落下来，爸爸拍了拍婷婷的肩膀，走了出去。婷婷痛苦万分，她一夜不能入眠，在家庭这么困难的情况下，去谈这个奢侈的恋爱，放弃学业，而找一份没有归宿的爱情。她不知道自己为什么会变得这么糊涂！

以后的日子里，婷婷和自己较上了劲，她发愤努力，成绩节节上升。最后她考上了二类本科院校，可是她不甘心，因为冬青考上了北大。虽然对他的感觉早已经没有当初的所谓爱的滋味，但是婷婷就是要争口气，她又复读了一年，那一年，她考上了上海复旦。

在大学期间，冬青通过同学，和婷婷联系上了，并且表达了自己的爱慕之情，可是婷婷发现，自己对他的感情并不像是爱情，更多的倒是一种自虐。

她在自己的日记中郑重地写道：爱，不能轻易脱口而出。

送给女儿的悄悄话

说出爱，就意味着责任。可是处于青春期的你，懂得什么是责任吗？这话虽然很难听，但是你现在对你自己还没有负起责任来呢，怎么有能力对爱负起责任？

但是事实往往是初生牛犊不怕虎，很多青春期的孩子天不怕地不怕，对爱情他们似乎比父辈们要大胆得多，其中包括一些女孩子，只要自己喜欢，就要说："我爱上你了！"这种蜻蜓点水式的喜欢根本不会长久，就像是镜花水月，只不过是一个幻想，转眼之间，可能就有了新的想法。所以，千万不要轻易说爱。

如果你真的喜欢"爱"这个词，真的喜欢爱的感觉，那么就要尊重爱，给爱一个完全发挥神采的空间，不要让它在不适合的土壤里生存。简单说来，就是你需要等待。

美国曾经有这样一个著名的实验：一个研究人员给10个孩子每人一块糖，让他们在手里拿着，并告诉他们3个小时之后才可以吃，发完糖他就走了。3个小时之后他回来时发现有9个孩子经不住诱惑吃掉了糖，只有一个孩子还拿着那块糖。研究人员一直跟踪那10个人的成长，20年后，他们发现那个没吃糖的孩子做得最成功，他已经成为一个企业的核心人物。由此可见，人只有经得起诱惑和等待才能成就一番事业，而为眼前的一点小诱惑就不顾一切的人，注定是不能做成什么大事的。

你知道冬小麦为什么好吃吗？为什么春小麦没有那么黏稠、芬芳？原来，它没有经过漫长的严冬，没有经过风雪的洗礼，植物况且如此，何况人呢？经过等待和考验的过程才会美丽。爱情，是成年人的事情，青春期的你，必须要学会等待！

喜欢那个帅哥明星吗

听妈妈讲故事：

几个好友都有了可以谈得来的异性朋友，独有晓旭还“一枝独秀”，好友们都着急了，劝晓旭也找一个朋友吧，她们还现身说法，说这并不影响学习，而且还能相互促进。几个好友的确都是如此，成绩都提高了一大截，因为她们的原则是和男朋友“赶、帮、超”。

但晓旭并不为所动，她也有足够的理由，虽然是一个人，可是她的成绩也在上升，好友们无法，也就任由她。其实，晓旭也有自己的心事，她有了两大人生目标——第一，要考上清华。第二，要做周杰伦的女朋友，将来和他结婚。

晓旭的心很高，她相信世上没有做不到的事，只要努力。她决心要努力做一个全面发展、德才兼备的好孩子。

不久，这个目标就被好友英姿知道了，那天，小旭在自己的卧室写日记，忽然肚子痛，匆忙去了卫生间，没来得及合上日记本，而恰好英姿进来，就那样看到了。

晓旭无法抵赖，就理直气壮地说：“怎么？做周杰伦女朋友有什么错吗？”

“那有什么错，我也喜欢周杰伦呢！可据统计，想娶孙燕姿的男生加在一起，比春运的人还多，想要给周杰伦当女朋友的女孩子，比想娶孙燕姿的男生还多，你想想吧，你怎么和她们竞争？”

“但是总有一个人会脱颖而出，你怎么肯定那个人就不会是我？”

“跟你说吧，我也崇拜明星，我初一时，特想让陈坤当我哥；初二时，特喜欢邓超，知道他和孙俪好，心里难过了好久；初三时，想嫁给谢霆锋，但是后来听说张柏芝嫁给他了，心里不难过反而很高兴；高一时，我想尽了一切办法接近周杰伦，见是见过活的，听过演唱会，可是觉得离自己太远了。所以，现在，我就放弃了。我想通了，与其沉迷喜欢某个帅哥明星，倒不如实实在在的和周围的男生交往。”

“那是你，不是我！”

“不是我，现在所有的女孩子都有这样的心理。”

“既然你找了一个实实在在的男生交往，今天怎么想起来找我！”晓旭愤怒着说。

“不是，我们交往，并不是恋爱，他只是我朋友中的一个，你也是我的朋友，我能找他，为什么不能找你？”

“哼，说得好听。”

“真的，我还没有你想得那么远，我还不想嫁给某个人，现在和男生交往，只是和女生交往差不多的那种友谊，我非常明白自己的任务，是学习。”

“别跟我讲什么大道理。”

“不是，我是说，我也想嫁给周杰伦。”

“什么？你成心气我是吧！”

“不是，是真的，既然你是我的一个情敌，那么从今天开始，我们就要好好比试，我倒要看看，咱俩谁的实力更强，如果你连我都打不败，你怎么打败千千万万的情敌。同样，如果我连你都打不败，我又如何打败别人！”

“OK，今天咱们就来个‘淑女约定’，我们俩赢了的那个才有资格去嫁周杰伦。比赛的内容包括学习成绩、体育成绩、品德成绩等。”

“好，一言为定！”

两个情敌非常兴奋地击掌盟誓。

送给女儿的悄悄话

偶像崇拜是少男少女生理、心理发展的必然阶段。几乎每个人都要走过这段心路历程。就是父辈们，他们也有他们心目中的偶像，比如保尔·柯察金（《钢铁是怎样炼成的》主人公），比如琼玛（《牛虻》里的女主人公），可以说明星是一种社会需要。

因此，当一个女孩子喜欢上了一个帅哥明星并不奇怪。但问题是，当今社会的明星纷繁复杂。一般来说，少女心目中的明星，不再具有当年明星那么强烈的对时代的影响力，不再具有那种万众崇拜一星的模式。即使是，也是演艺圈里一呼百应的人物，虽然他们也是很优秀的人物，但是对少女的个人发展而言，其影响却很难说是好的。因为一些明星很难谈得上能做孩子们成长的榜样。

那么，为什么现在的女孩子只追随歌星、影星而淡漠真正创造社会财富、推动生产力发展的科学家、一些默默工作并具有优秀品德的人物呢？仔细地分析会发现，这种崇拜带着一种虚浮，一种奢华，孩子们喜欢的是一些喧闹的东西，但同时明星崇拜代表着孩子未来的理想，如果陷入虚浮的明星崇拜之中，那么未来的理想也很难实在起来。

当然，问题并不是绝对的，有些明星还是具有偶像作用的，或者说，一些孩子以偶像来激励自己，努力学习，企图通过脱颖而出而吸引偶像的注意，这都是积极的想法。

不管你崇拜谁，你一定要记住：**对待一切，即使是对待心目中的偶像，也需要用一种批判的态度，不可盲目崇拜。如果盲目崇拜偶像，则会丢失自我，会使你永远跪在“明星”的脚下。**只有当你学会用批判的态度，用批判的眼睛去看待你心目中的偶像，你才能真正超越自己，超越偶像崇拜。再进一步说，你不但要有偶像崇拜，还要能崇拜自己，有超越偶像的决心和信心，一旦从偶像崇拜走向超越偶像崇拜，你就成熟了。那么，那个吸引你的帅哥男明星只会成为你上进的动力，而不会成为阻力。

马克思说：“伟人之所以伟大，是因为我们跪着。”如果你尊重自己，那么就从偶像崇拜中站起来吧。

爱上老师怎么办

听妈妈讲故事：

班里新来了一位数学老师，是一个帅气的大男孩，而且课上得非常精彩，既幽默又有激情，女生们显得异常兴奋，而男生们也都被吸引住了。一些在班里成绩一般的女孩更是铆足了劲，希望在老师认识自己之前，把成绩补上去。

数学老师对学生都很好，喜欢和同学们交流，帮助学生解题也很耐心，几乎没有一个孩子不喜欢数学了。

原本数学成绩不好的晶晶也突然有了很大的飞跃。慢慢地，晶晶发现自己居然喜欢上了这位老师了，而且不是那种普通的喜欢。

有一次老师居然夸奖晶晶说：“晶晶这孩子真讨人喜欢，聪明可爱，同时又非常努力，而且还沉稳大度。”晶晶心里那个高兴劲，溢于言表。她更愿意上数学课了。

后来晶晶慢慢发现，数学老师所谓的喜欢她只是师生之间的感情，就像他也同样喜欢蓝蓝，喜欢小云一样。而蓝蓝、小云也喜欢他，在学校有很多很多女生喜欢他，别的学校也有。他是女孩们心目中共同认为的最有深度、最有内涵的老师。所有上过他课的学生都很喜欢他，他对每个学生的优点也都看在眼里。

晶晶感到很悲哀，她觉得自己已经爱上数学老师了，但他是老师，而且有一个近乎完美的女朋友，自己该怎么办啊？

送给女儿的悄悄话

“恋师”从心理学的观点看，是少男少女性意识发展过程中的一种现象，虽然它的产生会对当事人的学习、人际交往、人格发展产生很大影响，甚至是消极影响，但仍然不能否认，这是年轻人的一种很正常的情感。

心理学的研究发现，在青少年性心理发展的必经历程中，不少人要经历一个向往年长异性的阶段，有人称之为“英雄崇拜”，有人称之为“牛犊恋”。特别是女孩子，这种现象就更加明显。我们前面已经说过，女孩子的青春期发育要早于男孩子，当她们发育时，同龄的男孩子还很稚嫩，于是一些成熟的男性就吸引了女孩子的目光，这其中就包括一些优秀的教师。

女孩子喜欢老师往往是如痴如狂的“单相思”，也叫“暗恋”，对方往往并无察觉。可见，“恋师情结”绝不等于成熟的爱情。很多的经验证明，经过一段时间的迷失之后，大多数女孩会自然回归，走上属于自己的生活之路。

不光是师生恋，还有“长者恋”。如今的社会还是以男性为中心的社会，男性长者一般比女性拥有更高的社会地位，他们对不谙世事的少女具有很强的吸引力。如果一名男性学识渊博、社会地位高、社会经验丰富、和蔼可亲、待人诚恳、拥有财富，或者他生活经历曲折、坎坷、令人同情，那么一个不谙世事的女孩很可能会一下子被这样的男人吸引。

另外，特殊的生活经历和某些性格特点也可能成为导致“恋师”或者“长者恋”的诱因。比如少女自幼与单身母亲生活在一起；少女从小缺少父爱；过于浪漫或过于虚荣；极富同情心；家庭经济窘迫；盲目崇拜他人等，都可能导致类似的恋情发生。

但是与师生恋相同，这样的爱慕都是不成熟的，因为很多女生无法正确判断这些男性的品性，有些长者丧失道德，利用少女的年幼无知引诱她们，满足自己的欲望，这样的情况并不少见。因此，女孩子千万不

要把自己置身于危险的境地。

即使是很优秀的男人，你现在产生的恋情也是不合时宜的，最好是让它悄然化为你人生的一种动力，帮你走向成熟。如果你实在无法排解，可以采取以下方法：开拓视野，适当地和同龄人交往；在与长者的交往中，找准自己的位置——作为学生或者作为后辈，给予老师和长者以敬重和爱戴，而这种爱是对父兄之爱，不能与情侣之爱相提并论。

师生恋和长者恋是一朵难以结果的美丽的感情之花。未来，就让未来的日子来证实好了。日后，果真心中那份恋师情结化为成熟的爱，果真两相情愿，再来收获爱也不迟。不是吗？

千万不要和男孩玩爱情游戏

听妈妈讲故事：

奥莉维娅来这个班级已经很久了，因为是外国学生，所以格外引人注目，而她也具有美国人的特色（班级女生语）——非常喜欢和男生打交道。当然，她也有一个很要好的女友，那就是晓秋，晓秋是一个文静而又沉稳的女孩子，成绩名列前茅，和同学们的关系都很不错。

晓秋是学习委员，指点过初来乍到的奥莉维娅的学习，没想到奥莉维娅就此视她为知己，两人甚至到了无话不谈的地步，晓秋倒也乐于接受。

一天，奥莉维娅又来晓秋家补习功课。奥莉维娅的成绩非常糟糕，尽管晓秋使劲了浑身的解数，可是也给她讲不明白一道简单的数学题，经过一个上午的努力，晓秋感觉非常泄气。

奥莉维娅倒不以为然，她安慰晓秋："慢慢来，不急，我们现在先休息一下！"没有别的办法，晓秋只得听奥莉维娅聊她在美国的生活。

聊了一会儿，奥莉维娅忽然说："如果启鹏能成为我的男朋友，那么我的男朋友就达到了200个。"

真是一语惊人，虽然明白国际间存在差异，但是对于这样的思想，晓秋还是难以接受，她疑惑地问道："你是说男性朋友吧？"

"不，正式交往的男朋友！就是一对一交往的男朋友！"

"一对一，怎么会有200个？"

"你不知道！"奥莉维娅神秘地笑了，"我其实喜欢我妈妈的原则，那就是先吸引男孩子的注意力，等到男孩子同意和你交往，你再把他甩掉，就这样！"

"……"

晓秋无语，她忽然明白同学们说的奥莉维娅有5个父亲的传奇故事很可能就是真的。不知道奥莉维娅的妈妈是否幸福，可是看着奥莉维娅落下的功课和流离失所的历程，恐怕很难说是幸福吧。

送给女儿的悄悄话

对于青春期的女孩来说，不要奢谈爱情，更不能游戏爱情。打着"不爱，怕影响学习"的幌子，却做着玩弄人的游戏，损伤的最后肯定是你自己。因为有一句话说得好：你对待爱的态度，就是对待你自己的态度。如果在这个不懂爱的年龄，你游戏爱情，那么到了该谈情说爱的年龄，你又拿什么来诠释爱情？

你不相信爱情，爱情又怎么会降临？如果你总是游戏爱情，当你需要一份真爱时，你就会发现，所有的感情都有了不确定的因素，这是多么可悲啊！

因此，别在不该爱的年龄谈论爱情，更别把爱情当成游戏。你游戏它，它就要游戏你！

初吻，你要献给谁

听妈妈讲故事：

那年夏天，滕儿16岁，正是豆蔻情怀之时，有了一个男性朋友叫国真，对，就是汪国真的国真。滕儿就因为喜欢汪国真，爱屋及乌，才喜欢这个男孩。

他们是在一个学习班认识的，家离得也很近。通信的时候无非是关心一下对方的学习情况，顺便说点儿校园趣事而已。但两个人莫名的，心里都有一种异样的感觉。

滕儿是那种很可爱的小女生，眼睛很大很美，瓜子脸，透着一股灵气。说话语速很快，但不是叽里呱啦，而是莺歌燕语，而她不说话的样子也非常可爱，乖乖地跟在国真身后，让国真觉得很满足。就是在无人的马路上，两人走得也不是很近，他们之间总是保持着两米的距离。

暑假到了，通信结束，他们便以电话联系。

他们相约晚饭后一起出去溜达聊天，还会叫上彼此的同学一起小聚一下。单独的日子不是很多，滕儿和国真都保持着安全的距离。

然而，那天国真约滕儿去看电影，滕儿的心一下子跳得很厉害，她隐约感觉这次约会会发生什么。多年以后，滕儿还记得那部电影的名字，叫《代号“红玫瑰”》。

电影院显得很破旧，人并不多，但很嘈杂，两人坐到了最后一排，而那里有一台风扇正对着吹，滕儿不由得打了个寒战，这时候，国真一下子握住了她的手。滕儿的手很凉，刚刚握到一起的时候还有些颤抖。滕儿在思想里挣扎了一会，终于没有撤回手。其实他们完全可以换一个地方，可是滕儿和国真都没有想到这个问题。

电影开演了，由于坐在后排，而滕儿又是近视眼，看不清，就只好问国真，那段什么意思，因为音响很吵，国真不得不把嘴贴在她耳朵上说才能让她听清楚。

记不得在滕儿第几次问国真的时候，国真低声向她说话的时候，滕儿认真地看着国真，黑暗中，国真看到滕儿两只眼睛扑闪着，他一下子呆了，就像是电影里的情节那样，呆呆地，以至于国真突然有种冲动想去吻她。

国真一次次地试图去接近她的嘴唇，但是总是差那么一点点的时候就颤抖着不知该怎么做了。这时候，滕儿似乎也感觉到了，她的呼吸变得急促起来，有一刻，她把眼睛也闭了起来，准备听天由命了。

可是，她忽然觉得自己这样做太草率了，虽然与国真是朋友，可她从来没把他当成那种男朋友来对待，而且她已经发誓要把自己的初吻献给一个自己最爱的人，现在和国真根本谈不上爱，怎么可以献上自己的初吻呢？

风扇的风又吹过来，滕儿一下子清醒了，她对国真说："电影太没意思了，我们还是出去吧！"虽然国真蛮不情愿，但是滕儿已经站了起来，没办法，只好跟着她出来了。

几年的时光转眼就过去了，上大学后滕儿和国真也失去了联系。后来，滕儿真的谈了一场轰轰烈烈的恋爱，并对自己的真爱献上了自己的初吻。

送给女儿的悄悄话

每个女人都有关于初吻的回忆，问题是初吻给了谁，这种回忆是甜蜜还是苦涩。

男女之间的接吻，不言而喻令人身心愉悦，是表达爱情最直接、最动情的方式。因此，对于女孩子来说，接吻总是显得过早，因为此时还不懂爱情。

少年男女在交往中会产生友情，这种友情是美好而纯洁的，虽然其中夹杂着一种很深的情感依恋，甚至产生接吻的冲动，但这种意识与真正的爱情并不是一回事，此时还没有到达收获爱情的季节。如果认识不到这一点，两个人有了不恰当的接吻，就会使双方关系发生根本改变，由朋友变为恋人，那么早恋就真的来了，当事人会因此投入大量精力去营造并不成熟的感情，就像是在沙中建立城堡，其结果可想而知。

初吻是非常美好的，也是人生中最值得珍惜的情感表达方式，初吻应该献给自己真正所爱的人，也应该成为你一生中最美好的回忆，所以应将它珍藏，不要轻易献给谁。吻和爱情一样，应该是爱和责任的承诺，是以心相许的证明，而这些，少女时代是根本无法做到的。

另外，接吻说到底，也是一种性行为。如果处理不好很容易感情失控而出现越轨行为。因此，每个少女都应十分慎重对待接吻。

当然，一般来说，男孩很难把持住自己，会主动向女方提出要求，甚至强行或者制造氛围来吻女孩，此时女孩应该把握好自己的主动权，明确地表达自己的意愿，不做自己感觉不好的事，要做自己有把握的事。

如果轻易迁就男方，接受了接吻的请求，就有可能给对方造成一种“答应”的错觉，使自己处于尴尬之中。同时，把持住自己，也能使情感之火不至于过于激烈燃烧而自我失控，以免今后造成进退两难的境地。

其实在现实生活里，人们之间会结为各种关系，例如朋友关系、亲子关系、恋人关系、夫妻关系等。每种关系的人交往是要遵循一定规则的，如果搞错了规则，就可能给自己带来难以承受的后果。接吻是恋人或夫妻间的行为，不是少女和少男之间的行为，因此，你最好不要盲目地献出自己的初吻。

第8章

青春悸动：性，不得不说的问题

懵懂的爱来了，性也跟着来了。青春就像是带刺的玫瑰，花虽然开得甜美，遇上刺却难免让人受伤。而最容易受伤的问题，恐怕就是性的问题。性爱本不属于中学生，但如果对性没有明确的认识，对于自己的一些幻想和行为处理不好，很可能在女孩子心中形成永远的阴影，影响她的前途，也会影响她以后的幸福。因此，在这里给你讲一讲青春的悸动，难以言说的性问题。

什么是性早熟、性晚熟

听妈妈讲故事：

由于妈妈是医生，所以慧慧很早就对性有了了解，而妈妈也认为早点让慧慧认识性有好处。

那天，母女俩坐在一起看电视，正报道新闻，慧慧对一则新闻产生了兴趣。新闻这样说道：现在的孩子发育太早，9岁的女孩就来月经，刚过10岁的男孩就经历了第一次遗精。专家提醒家长，这些都是孩子性早熟的标志。同时，食品中的激素、有关性的刺激等都可能导致儿童性早熟，给孩子的身心带来不利的影响。

慧慧立刻问妈妈："怎么会出现这样的问题呢？那么，我是性早熟还是性晚熟？"

妈妈正在喝水，听到慧慧后面的一句话，差点把嘴里的水喷出来，她勉强把水咽下去，回答道："你当然是正常发育，既不早熟也不晚熟。正好，该熟的时候熟了。"

"那么说，我的季节把握得还很准啊！"慧慧幽默地说。

"是啊！"

"那么都有谁会出现性早熟的问题呢？妈妈你告诉我，我检验一下，看我们班谁属于早熟，谁属于晚熟？"

"那些父母早熟或者晚熟的孩子，就可能早熟或者晚熟。"

"哦。"

"还有一些用错药的孩子……"

"用错药，用错什么药？"

"比如性激素药，或者避孕药什么的。"

"我知道了，是不是像猪八戒喝了女儿国的水似的，本来不能怀孕却怀孕了！"

"哈哈……"妈妈一下子被逗得大笑起来，她点着慧慧的脑门说，"你个鬼丫头。"

慧慧吐了吐舌头，继续问道：

"妈妈，我听我一个同学说，营养过剩也会性早熟，是吗？"

"没错，你们这茬孩子普遍营养充足，有些食品和营养品又有一些激素成分，比如一些打激素催生长的鸡，如果小孩子碰巧吃了这些东西，就会出现性早熟。"

"妈的意思是说去麦当劳、肯德基的人差不多都是性早熟的。那么我们班没有不早熟的！我也属于早熟！”

“不是这样说的，没有激素的鸡肉还是能吃的。”

“哦！”

“还有，”妈妈接着说，“现在的电视啊，书啊，电影啊，有一些少儿不宜的东西，如果小孩看到，大脑中调节性发育的神经中枢就可能提前启动，就会产生性早熟。”

“妈妈我知道了，你以前总说‘少儿不宜’，就是怕我性早熟是吗？”

“是啊！”

“那么性晚熟呢？是营养不良造成的吧？”

“营养不良是其中的一个原因，还有其他原因。其实，一般孩子的性晚熟都属于正常的发育。就像是一把种子撒到地里，有的早出芽，有的晚出芽一样，虽然晚出芽，但并不耽误生长。”

“哦，这样还好！我既不营养过剩，也不缺营养，刚刚好。哈……”

送给女儿的悄悄话

青春期的女孩子性成熟是必然经历的阶段。有的为早熟担心，有的为晚熟发愁。到底什么是早熟或晚熟，标准是什么？许多人认识模糊，因此，容易在认识上陷入误区，导致不必要的担忧顾虑。

什么是性早熟？性早熟是一种生长发育异常，表现为青春期特征提前出现。性早熟女孩较多见，一般认为8周岁以前开始乳房发育，10周岁以前月经来潮为性早熟。另外，如果出现以下症状，应考虑有体质性早熟的可能：家庭史，即父母之一也曾有过性早熟的情况；测定内分泌激素无异常；骨龄提前，但这种提前与身高的发育提前大体平行；各种发育均衡，顺序与正常少年相同，没有某一种表现（阴毛、乳房）突然加速发育现象。体质性早熟女孩青春期发育开始早，结束也早，她的身体发育状况最终与其他同年龄的人无多大差别。另一种早熟却是病理性的，由于自身体内病变，例如脑瘤、松果体瘤等；或出生时脑外伤等。这种情况应及时就医。

性晚熟也是客观存在的，在医学上称为“性发育延迟”。但如果身体没有什么问题，就不要着急，可能是属于体质性晚熟，这是由于发育的个体差异造成的。一些女孩子的性发育落后只是暂时的、相对的，最终能赶上别人。

但是要注意，如果到了青春期出现下面的情况，基本就是性发育迟缓：身高没有出现明显的突增，身材也显得匀称，没有胖的迹象；性器官外观正常，测定内分泌激素无异常发现；第二性征未出现，或者无明显发育进展；骨龄落后，但和身高的落后大体平行。

那么，怎样确知性发育延迟是不是病理性的呢？如果患有慢性病，或在胎儿时在子宫发育就不完善，其出现性发育迟缓，就属于病理性的，发现越早，确诊越早，治疗效果越好。因此在这里要把情况介绍给你以供辨别。

这里需要注意的是，**生殖器官和第二性征的发育同人的高矮胖瘦一样，本身就存在很大的个体差异，不必对它过于敏感。**从女孩的心理出发考虑，在青春期开始萌动时，她们一般都害怕自己的身体发育冒尖，如果能够随着大多数同龄人发育成熟，就会自然一些，但也有不少女孩害怕自己掉队，跟不上同龄者的发育水平。其实，这都是过于敏感的心理。要知道，青春期发育的早晚在个体之间存在着较大差别，有的甚至相差好几年。**如果没有科学的检测依据，不要给自己下早熟或晚熟的结论，如果真的觉得自己某些方面有些问题，可以咨询父母，父母解决不了的，可以去医院进行检查。**

总之，青春期是儿童向成人过渡的中间阶段，有人把它称为“人生历程的十字路口”，它既与儿童有别，又与成人不同。贯穿青春期的最大特征是性发育的开始并逐步完成，与此同时在心理方面的最大变化，对性的意识开始萌发。但是，不管怎么说，关注同龄人的青春期变化，与自己进行比较，难免要产生这样或那样的猜疑心理，因此，不要过于敏感，顺其自然就好了。

性爱，不属于中学生

听妈妈讲故事：

18岁，原本是鲜花盛开得娇艳欲滴的年龄，原本生活应该充满阳光，然而，美好的生活对于莎莎来说犹如昙花一现，她已经过早地承受了太多不该在这个年龄承受的事。含苞待放的花蕾，还未来得及展艳便匆匆凋谢了。

16岁那年的冬季，发生了一些事情，那是莎莎始料不及的，它造成了莎莎生命中的转折，也成为她悲剧的开始。那时，莎莎刚刚进入青春期。她时常感到，在自己的身体里有一种东西在蠢蠢欲动，但是自己无法控制它，它总会在不经意中搅得莎莎寝食难安，因为每逢这个时候，莎莎就会非常非常渴望跟异性接触，确切地说，渴望着与异性产生肌肤之亲。机缘巧合，她通过同学认识了一个男孩，很快就谈起了“朋友”。不久两人就偷吃了禁果。终于有一天，莎莎发现自己怀孕了。这

可把她吓坏了，然而，一切已经晚了，过早萌动的情欲促使她在青春的轨道上已经偏离得太远了。莎莎最担心的事情也很快就发生了，家人很快就发现了莎莎的异常，并且带她去医院做了流产。

莎莎那时还只不过是个高中一年级的学生，她不知道该怎样去面对自己的老师和父母，除了逃避别无选择，最终只得辍学了。父母嫌莎莎丢他们的脸，就连平日特别疼爱莎莎的哥哥也骂她贱。无情的现实使莎莎的头脑开始清醒，她痛恨自己的无知与轻浮，暗暗下决心要与男孩子分手。可是男孩子却丝毫不听莎莎的解释，不断地逼她、缠着她。为了彻底摆脱他，重新开始自己的新生活，莎莎只得选择了外出打工。莎莎在外省做"家政"工作，十分辛苦，但她只想努力以繁重的工作来麻醉自己痛苦的心灵。她以为，只要不停地干活，很快就能将那些不堪回首的往事从脑海中抹去，但那些事情却像幽灵似的总在她脑海里晃。至今，莎莎有时做梦都还会梦见那个和她一起偷吃了禁果的人。现在的莎莎很苦恼，一种深深的罪恶感常常折磨着她那受伤的心。偷尝禁果，也许将使莎莎抱恨终身。如何面对未来的一切，她不知道。苦酒是自己酿下的，现在得由自己来品尝，现实就是如此残酷。留在莎莎心灵深处的，是一个永远无法抹平的伤口。心中难以言说的悲苦加上生活沉重的压力，使莎莎整日处于一种麻木的生活状态中。

送给女儿的悄悄话

听完女孩莎莎的经历，一定要引以为鉴，别再走莎莎这条路。性的本身并不是罪恶，但是，青少年时期正是学习的时候，所以一定要学会理智控制好自己的行为，不要随便去尝试性。少女在处理问题时千万要谨慎，要为自己创造一个美好的成长环境，让自己度过一个完美的青春期，这样的青春才会真正地开心。然而，性对于青春期来说，却又是一个不得不说的问题。

人的性激素在青春期发育前是静止的，直到青春期，性激素才促使身体里的雌性激素或雄性激素的量大大增加，引起青春期的发育。当性激素分泌的量达到一定程度时，人的身体里就会产生一种暗存的冲动。青春期里的人很容易产生冲动，帅气的男生，一种独特的气息，一个微笑，甚至一个可爱的动作表情，都可能对少女们产生刺激作用。由于青春期的女孩还很年轻，思想也不成熟，还不能理智驾驭心里的那种朦胧的感情，加之生理上的成熟，性冲动就会随之不断增强，这时候，如果不能好好约束自己，稍有不慎，很容易就会做出一些鲁莽、反常、草率的行动。

青春期的少女一旦怀孕，就必须到正规的医院接受人工流产手术。如果怀孕超过3个月，手术的困难性和危险性都会大大增加。流产不仅会严重损害健康，更可怕的是很有可能会造成终生不孕。

生命是神圣的，当卵子和精子结合以后，就产生了生命。它应该是爱情甜蜜的结晶，而不应该是年少无知种下的一枚苦涩的青果，所以少女要懂得自爱，也关爱别人。保护自己，也保护别人。

可是，如果你真的做了不该做的错事，该怎么办呢？要记住保持冷静，别害怕。如果发现自己怀孕了，首先应该向自己最最信任的人倾诉。

谁是你最最信任的人呢？答案应该是生你养你的父母。虽然他们知道后会震惊，会愤怒，会失望，但他们不会真的厌弃你，依然会像之前那样焦急地帮助你解决问题。因为他们是这个世界上最爱你的人。最后要相信的人是医生，勇敢地去配合医生纠正这错误。这个世界会接纳你年轻时的任何错误，年轻让你还有机会重新来过，所以，即使在青春的路上曾经偏离了轨道，也要争取重新回到青春飞扬的轨道上来。要相信，无论前面发生过什么事，只要你真心改过，你的亲人，你的朋友都会欢迎你的，未来依然会为你展开灿烂的笑容。

其实，关于性的秘密，当你的性心理完全成熟后，就会完全明白的，而关于性的好奇，也是正常的心理现象，需要女孩自己去把握。

要学会对男孩说“不”

听妈妈讲故事：

男女之间相处，难免会有身体上的接触，但是女孩子一定要把握好自己的界限，不要轻易放弃自己的坚持，因为你在接受了性的同时，也意味着要接受很多压力和意外的烦恼。如果认识到由性而带来生理或心理上的巨大痛苦，相信少女们一定会对此更加谨慎。

一个女孩面对自己喜欢的男孩提出性要求时该怎样拒绝他呢？珍珍在这方面就做得很棒，值得女孩们好好学习学习。

男孩："你知道，我实在非常需要你，就干这一次，你在安全期，不会怀孕的；如果你不愿意，我会去找别人！"

珍珍："我说不愿意，你就不要勉强我，你要去找别人，那是你自己的事，只要你认为值得你就去找吧！"

男孩："你不知道你错过的是什么。"

珍珍："是的，我知道。我错过了艾滋病、未婚怀孕、人流和焦虑。"

男孩："我无法控制自己，满脑子想的都是你，这样让我很痛苦。"

珍珍："但是我可以控制自己。"

男孩："每个人都在这么做，我的朋友大多数都有过'那个'了。"

珍珍："但不是我，我不会那么做。我们有我们的交往方式，不必和别人一样。别人都做的事，不能代表那是正确的。"

男孩："你生理上是不是有什么不对劲的地方？"

珍珍："我很正常，保持距离是我的恋爱原则！"

男孩："你可以信任我，就这一次，我会永远对你负责！"

珍珍："我可以信任你，但前提是你必须马上停止对我施加这样的压力。"

男孩："我爱你，从未有过丝毫改变。难道你不爱我吗？"

珍珍："我是否爱你，你自己最能感受到，不必再用其他方式来加以证明。如果你真的爱我，就请你尊重我的原则和感受。这样的问题不值得我们一再纠缠，我说话算话，今后你再提这个要求，我们就分手！"

学会巧妙地应对男孩言语上的进攻，少女们才能从爱情的激流中保全自己未来的幸福，珍珍不愧是一个理智而出色的女孩子。

送给女儿的悄悄话

女孩子应该懂得，真正值得你爱的人，应该是对你、对彼此生活高度负责的人，他绝不应过早地要求你以身相许。女孩子要学会对可能的性诱惑说“不”，使自身得到保护。对于一个少女来说，只要你有这个决心和心理防线，就有权力、也有足够的能力来拒绝对方的性要求，这样你不会成为婚前性乱的牺牲品，可以从容不迫地做到洁身自好。

婚前性行为给少女带来的只能是伤害而无任何幸福可言。性行为发生后，带给女孩子的恐惧和担心，直接导致心理危机，继而致使很多危险行为的产生。据调查统计，发生企图自杀、吸毒、离家出走、犯罪等行为的少女中，有过婚前性行为的女孩人数比没有发生过婚前性行为的女孩人数高出数倍。

如今，世界已经渐渐从“性解放”的认识误区中走出来，新潮流正在向洁身自好之路进发。越来越多的青少年公开表示：愿意等到结婚之时再发生性关系。仅仅在美国就有50万年轻人公开如此宣誓，他（她）们认为性爱定会在那儿等着你，何必急于一时呢？就算在20岁前还没有体验过：至少也还有四五十年等着你，而如果你愿意等待的话，总会遇到一个愿意对你负责、共守一生的配偶。

通常，少女在面临性关系的抉择时会产生如下困惑：

第一，如果我拒绝发生性关系，是不是会导致对方认为我“性格怪异或不正常”？

第二，如果我爱上一个人，与对方发生性行为这不是自然而然的事情吗？这也是表达爱的一种自然方式啊。总算计着要天长地久才愿意付出，这还是爱情吗？

第三，有时很难把握自己，是不是别人不像我这样轻率，而很能控制自己的想法？

第四，人有时避免不了会与异性朋友说说自己的心里话，不希望第三者听到，这样也最容易坠入情网，应该怎样使自己保持理智？

实际上，对于以上种种疑惑，女孩子只要看清事情的本质就不难坚持自己的立场和原则。

轻易投入性行为的人相对于对性行为采取谨慎态度的人，前者才是奇怪和不正常的。你会发现，当你学会拒绝发生性关系时，你已经变成一个思想成熟、睿智稳健的人了。当你能够用言语和思想表达你的感情，而不是仅以身体的接触为表达方式时，说明你们两个人之间的情感更加深厚了。

“爱不在天长地久，只在乎曾经拥有”，这的确是一个很“时髦”的观点。仔细想一想，其实这种宣传很害人。因为“爱”是一个内涵极宽的字眼，它涵盖了彼此之间方方面面的磨合、共同要面对的实际问题，不是仅仅用“性”就能够表达出来的。“爱”是一个很圣洁的字眼，如果滥用得太多就失去了它本身的意义。一句“我爱你”如果对太多人说过，等你真正要表达那种独一无二的爱时，就很难找到适当的字眼去表达那种情感了。再精彩的词句若是被多次误用或滥用，就降低了它的价值，一个女孩子如果滥用自己的性爱，只会使这种所谓的“爱”变得低廉和下贱。这就能够解释，有些青年男女因为发生了性关系，反而很容易疏远和分手，因为他们忽视了界限和距离产生的美感。再说，一个不注重操守，不懂得自尊、自重和自爱的女孩子，又怎能指望得到对方较高的评价呢？

但是也不能排除的确有些人能够做得比较好，那是一种意志的力量，要做到并“不容易”。试想，一辆汽车什么情况下比较容易刹车？是时速20公里还是80公里？更具体地说，什么情况下拒绝对方的性要求更容易呢？是你穿戴整齐、情绪冷静的时候，还是袒胸露肩、情思涌动的时候？所以，当事人要想好：如果你决心不选择“婚前的性事”，就要刻意回避各种界限，在时间、地点、穿戴、约会方式上都选择好，时时创造出一个自我保护的环境。尤其在中学生时期，最好不要男女单独约会，还是小组和集体活动更好。

当然，并不是绝对不可以两个人交谈，只是自己要学会自持和冷静，适当处理好细节问题。比如在家里交谈，就选择家里有人的时间，将房间的门虚掩；如在外边谈，就选择白天，而不是太晚的时间，到相对安静但又开放的环境。总之，只要你事先想好，有坚强的毅力，别人就不能强迫你做什么，也不会发生不该发生的事情，最主要的决定权还是在自己手上，最该为自己负责的人还是你自己。

性幻想不说明你是坏孩子

听妈妈讲故事：

飞飞出生在一个充满文化氛围的家庭里，父母都是受过高等教育的知识分子。受家庭的熏陶，飞飞从小就知书达礼，乖巧伶俐。父母视她为掌上明珠，百般呵护。飞飞的第二性征越来越明显后，父母也越来越紧张。于是搬出“女儿经”，谆谆教导女儿：女孩子对男孩子不能过分亲近，否则就会变坏；女孩子在学生时代对男孩子产生感情，就要成为坏女孩……飞飞牢牢记着父母的训示，生怕一不小心心灵那块神圣的净土就会被玷污了。

一次春游，飞飞和她的好朋友小会不知不觉间走进一个隐秘的树丛里，突然发现远处树丛间隙里藏着一男一女，他们如醉如痴地亲吻着、抚摸着。飞飞惊呆了，要不是小会及时反应过来催促她，飞飞几乎忘记了离开。在返程的车上，飞飞心里很不是滋味。回到家，飞飞马上一头钻进卫生间，她想好好洗个澡，把那些情景彻底地冲洗干净。飞飞站在莲蓬头下，顺着温润的流水擦洗着自己白嫩的肌肤。当她的手不经意间触到自己身体时，突然一阵战栗，仿佛“来电”一般，一股无比美妙的感觉传遍全身，她情不自禁地想起了树丛里的“一帘春色”，便双手不停地在自己的乳房、大腿、阴部抚摸起来……

当晚，飞飞失眠了。她蓦然发现杨斯来了。杨斯是学校文学社的笔杆子，飞飞心中的标准的白马王子。飞飞知道杨斯也喜欢自己，只不过飞飞一直不敢动那亲近的念头。可今天飞飞大大方方地迎向他，杨斯扑过来抱住她，两人一丝不挂地拥抱在一起，那种来电的快感又一次灌注全身。突然，杨斯一把将她压在身下，飞飞惊恐地叫了起来……原来她做了一个性梦。

第二天回到学校，飞飞情绪非常低落，浑身不自在，感觉到自己是多么可耻呀。她眼睛看着黑板，心里却总控制不住去想着树丛里的“春色”和梦中的情景。“不能想！不能想！”飞飞在心中严厉地对自己大叫，她责备自己太“肮脏”，发誓要赶走脑海这一幕幕幻象。然而，她越是挣扎，那“春景”越是变本加厉地在她头脑里反复出现。从此飞飞成天跟自己斗争，担心、害怕、自责的情绪紧紧地攫住了她，她害怕父母、老师、同学看出她“丑恶的灵魂”，注意力根本无法集中到学习上，成绩一落千丈。

终于，父母发现了问题，飞飞被送到了心理咨询室。咨询的结果让飞飞和她的父母都松了一口气，原来事情远没有那样可怕。飞飞那些所谓的“肮脏”意念只不过是进入青春期男女常常出现的“怀春”现象，是生理与心理发展的必然结果，不值得为之大惊小怪。但是，飞飞是一个处于发育时期的少女，受传统文化的影响，她把自己正常的性生理和性心理发育看成了是淫秽的、罪恶的表现，才影响了自己的正常思维、情绪和行为。看来，该让飞飞和她父母着急的不是飞飞脑子里的意念，而是飞飞的心理障碍。

送给女儿的悄悄话

女孩子十二三岁月经初潮后，生理各方面渐渐发育成熟，体内大量分泌雌性激素，性欲开始产生，与异性接触的欲望普遍增强，这些表现通过各种各样的方式表现出来。例如喜爱看性知识方面的书籍，摘抄文学作品中有关爱情的精彩描述和描写爱情的诗歌，听唱爱情歌曲，并由此引起性的联想。同时也喜欢对异性关注，渴望和异性接触，喜欢在异性面前显示自己的相貌、体态，希望博得异性的好感，有的甚至想方设法通过某种挑逗来引起对方的注意。心理学家把这个时期称为“对异性憧憬时期”。

青春期充满探求的欲望，生理的发育引起心理对异性的好奇和性幻想。通过异性形象、图片、语言、文字等对感官的刺激，人通过其丰富的想象力，获得兴奋，这就是性幻想。

“很多时候，我想象自己光着身子躺在沙滩上，后来我爬起来剥光一个女孩的衣服，许多人站在我身边指指点点。”

“当我走在路上的时候，我幻想路上所有的女人都没有穿衣服。”

性的幻想是随着青少年性生理发育而产生的，男孩子也会有这样的幻想和憧憬。有的人非常担心自己会在现实生活中真的做出“禽兽不如”的举动来，其实完全不必担心，绝大多数的人是不会做出幻想中的事的。想法并不会伤害别人，只有行动才会伤人。

性幻想其实是一个人探索自己性感觉的安全途径，因为脑海里的想法是你自己能够控制的，这些幻想可以使你在不能与别人建立性关系的条件下，感觉性快感或性高潮。

女性的性幻想一般不直接表露于性生理，她们的性幻想带有更多的情爱的特点。她们更多的是对理想中的白马王子、两性间的亲密及浪漫的爱情的幻想。这种性幻想带有更多的心理和情感需要的特点。

从以上分析可看出幻想包括性幻想，是每个正常人都可能存在的，并非病态。因此，女孩子要重视自己的性心理保健。人对两性关系方面的认识、体验以及行为等是客观存在的，是正常的，但必须和社会的、个体的生存条件相协调。青少年时光是一个人一生中最宝贵的求学阶段，应当把主要精力放在对知识的追求、对社会的了解上，要增强理智，减少对性的关心。少女在青春期对性的体验较之少男更为敏感，往往在不知不觉间发生自慰行为。有自慰习惯的人可以采取转移注意力，或采取回忆、思考一些严肃的、有意义的事情以减少对自慰的兴趣。

少女要正确对待“怀春”现象，建立男女同学之间的正常交往，培养健康的性道德和性适应能力，顺利度过性发育这一关键时期。

梦里怎么被强奸了

听妈妈讲故事：

琳琳向来是个心思单纯、勤奋学习的女孩子，可自从升上高中以后，却偷偷地拥有了一个不可告人的秘密。这是一个难以启齿的烦恼，只有她自己才知道自己是多么“虚伪”，暗地里是多么“无耻”。

琳琳不知道自己为什么会不止一次梦到自己被人强奸了，奇怪的是，在梦里的强奸是她自愿的，强奸她的人是个和即将步入退休年龄的班主任一样的老头子。但强奸后梦里总有一个人会告诉自己那个人没成功，她还是处女。清醒的时候，琳琳是非常抵触这样的梦的，可是一到梦里，她却表现出一种接受的态度，自己到底是怎么了？其实，最让琳琳深感迷惑和不安的是，自己为什么会在反抗之后又自愿并且感到愉悦呢？难道自己骨子里就是一个坏女孩吗？

送给女儿的悄悄话

有的女孩的性幻想或性梦中，可能会出现被强奸的场面（男孩也会有）。虽然这种性梦和幻想能够产生性快感甚至性高潮，但是许多女孩子会非常害怕，她们可能会在内心里把自己看做是“下贱”、“淫荡”的女人，这些看法是不对的。

性梦在我们的文化中至今似乎还是个让人又羞又怕的话题，可是我们必须找到答案，为什么有人会有被强奸的幻想或性梦呢？

在我们的社会中，许多青少年为自己的性冲动和性欲望感到内疚，可是又无法让自己的性冲动和性欲望“烟消云散”，于是想象被强奸就成了一种感受性的方式，这样就不需要为了与别人有了真实的性关系而感到不安和自责。

在性梦中，梦里的情景都是少女在清醒时不可能做出来的形形色色的性行为，如拥抱、接吻、露阴、性交等，并伴随有性高潮，所以醒来时往往感到惶惑、恐惧、内疚、烦恼，羞于见人，有自卑感和罪恶感。如果不能正确对待，对少女的身心健康和学习以及日后的性观念的形成，都有很大的影响。很多女孩正是为此而困惑不解，担惊受怕，自责自罪。

其实，这些担忧都是多余的。

首先，做性梦的人绝对不是因为思想肮脏，人格出了问题。性梦是正常的生理和心理发展自发的生理心理现象，是不由人控制的，是不代表人的真正意愿的，不应与道德品质相提并论。最重要的是，梦不等于现实，绝大多数人梦醒后是不会真正按梦中的情景那样去希望，更不会依梦中的愿望去做的。所以性梦不存在道德评价意义，不存在道德品质问题，说不上思想肮脏不肮脏。“日有所思，夜有所梦”指的是梦境的性质，而非具体的梦境内容，性梦只是青春期性心理的发展使然。无论梦境中具体的性对象是谁，完全是不由自主的。至于有时候是自己亲近的人进入梦境并成为性对象，是因为少男少女生活中接触最多的异性往往是自己亲近的人，唯有自己最熟悉、最亲近的异性才能留下更深刻的印象，才容易进入梦境。所以根本没有道德评价意义。

其次，性梦不是身体有毛病，恰恰是发育正常的一种体现。**心理学家认为，性梦是一种无意识或潜意识的性心理活动，是机体自身调整紧张性张力的一种心理防御机能，是完全正常的生理和心理现象，不是疾病。**少男少女进入青春发育期，体内大量分泌性激素，生理和心理急剧发展，性欲初步产生，导致与异性接触的欲望普遍增强，而且表现形式也越来越丰富多彩。例如喜欢到书籍中寻阅和性有关的知识，被文学作品中有关爱情的精彩描述所深深吸引，并由此引起性的联想；同时也喜欢关注异性，渴望和异性接触，喜欢在异性面前展示自己的相貌、体态，希望博得对方的青睐，有的甚至想方设法通过某种挑逗来引起对方的注意。心理学家把这个时期称为"对异性憧憬时期"。但是，这时的性需要还不能在现实中满足，因而就常常以梦境的形式获得满足。

为此，少女们应该做到两点：

一是主动学习健康的性心理卫生知识，培养自己健康的性心理和性道德。破除陈旧有害的性观念，不要让陈旧的性观念来影响自己，不要以片面的"日有所思，夜有所梦"的观点来自责，把人体发育过程当中正常出现的性梦当成"罪恶"，以致造成严重的身心障碍，甚至影响一生的发展。

二是要重视自己的性心理保健。应懂得对两性关系的关注、理解、体验等性心理是正常的，对性梦不必如临大敌，应坦然处之。还应懂得，性如同吃饭、睡觉一样是人类活动中很正常的事，人除了吃饭、睡觉还要干很多很多事，要把主要精力放在对知识的追求和对社会的了解上，拓宽自己的生活兴趣，减少对性的关心。这样，你的梦中才有一个多彩的世界，你的人生才是一幅多彩的画卷。

两情相悦当自爱

听妈妈讲故事：

小眉是一名正读高一的女生，性格活泼开朗，什么烦恼、不愉快的事在她面前都似过眼烟云，因此学校的男女同学都叫她“快乐天使”，大家也特喜欢与她交朋友。小眉和班长是初中的时候就已经“心意相通”的。班长比小眉年长两岁，长得伟岸洒脱，平时对她挺关照的，加之两人的家又住在同一幢楼房，因此彼此比别的同学多了点亲近感。随着两人升入高中同一个班级，感情也突飞猛进，放暑假前两人就相约，一起去郊区旅游。班长还带了相机，得意扬扬地说要用手中的相机为小眉留下美好的倩影。

在一处景点拍照时，小眉为了摆一个姿势站立不稳险些跌倒，班长一个箭步冲过来扶住了她，惊魂未定，他的手臂正巧放在小眉丰满的胸部上，顿时一种触电般的感觉传遍了两个人的全身。出于少女的羞涩，小眉当即惊慌失措地推开了班长的手，但是她好想让这种感觉成为永恒，两个人也因为刚才那一幕更加心动不已。

在小镇的山水之间，两人越玩越甜蜜，终于，在公园里克制不了一时的冲动，这对少男少女过早地偷尝了禁果，也让小眉随后尝到了“发炎”的苦果。

送给女儿的悄悄话

妇产科医生指出，少男少女的“性冲动”往往与早恋有关。少男少女往来频繁，往往会越过雷池。但要知道，青春少女的性行为对身体健康危害很大。生殖器结构的不同使得女性比男性更容易遭受细菌的侵扰，性生活时尿道口的细菌会被带进膀胱；而在野外、不洁场所，不洁性生活引起的少女霉菌性阴道炎也带给女孩们无尽的烦恼。因为少女身体发育还没完全成熟，又在恐慌状态下进行性生活，更可能造成子宫内膜炎、急性输卵管炎、盆腔炎等一系列的妇科病。“性冲动”后，少女尿路感染是常见的感染性疾病之一，80%多是膀胱炎。患者常出现明显的尿路刺激症，尿频、尿急、尿痛或排尿不尽、尿道刺痛同时伴有血尿，临床检验有真性细菌尿，即为尿路感染。膀胱炎如果诊治不及时，膀胱内的细菌会逆流而上，进入肾盂和肾实质，引起肾盂肾炎，严重者可致命。倘若性生活造成怀孕，这更使双方陷入窘迫中，特别是女方将要承担更多的不幸。同时，为了人工流产暗中服药自行堕胎，弄不好会造成感染，甚至会导致终身不育的严重后果。如果是怀孕，也比较容易发生宫外孕，发现不及时或处理不当很容易导致大出血，还有生命危险。

当你发生性关系时，你要知道，这意味着你一生中将要做出的最重要的决定，这个决定将影响到你一生的幸福，所以，一定要自爱，尽量回避易于发生关系的时间。

夏天，男女双方性欲亢进，对于情窦初开的少男少女，这时更需要用理智去战胜“性冲动”，家长和本人需要有充分的认识。青春少女正是学习文化技能的时期，如果这时去恋爱，去追求性刺激，必然会影响学习，使事业一事无成。平时要了解性知识，了解自我，拒绝早恋，这是最好的办法。在与异性相处的时候要落落大方，以取长补短为友谊的目的，即使“触电”也要懂得平息自己的情绪。总之，少女一定要自尊自爱，抵制引诱，关好情欲的闸门，培养健康的性意识和性道德，以严肃的心态来克服青春期的性冲动。青春期女性应该充分认识到，人与其他动物在性方面的区别就在于人类的性行为受到理智的控制和意识的支配。

如果你已经悄悄地爱上了，那就理智地冷却自己，青春的爱需要和煦的阳光和洁净的空气，在它还没有找到赖以生存的环境之前，是不能用生物激素来催其发芽的。让爱的种子得到心灵的温暖和呵护，它会散发出一阵阵淡淡的温馨，使你时时闻到生活中来自茉莉花香的芬芳。是的，少女的美好和纯真，只有在她是一个没有被性爱所驱使和占有时，她才有天使一样的灵性，她才是无邪的、纯洁的和能够启迪人们内心情感的。虽然爱就是答案，但是爱并不就是占有，不是一种婚前性行为的放松和肆意而为。

童贞的少女是美丽的，她本身就是诗，这时的少女是天使，这样说并不是男人固执的处女情结在作祟，而是在她的内心深处，依然坚守着青春和爱的信念，这时的女孩才是澄明和纯情的。

女孩子应该理智对待爱情，在平常的生活中多多注意收集和学习有关性心理卫生方面的知识，使自己健康向上发展，从生活中得到真正的启发，即使比别人更早接触爱，也要爱得纯洁，爱得美丽。

怎样防止遭遇性侵害

听妈妈讲故事：

园园的父母都是生意人，平时忙于工作应酬，很少顾及女儿的成长，这使园园从小养成了沉默内向的性格。一天园园放学后，在路上遇到一个以前的老邻居，园园平时管他叫冯叔叔，这位冯叔叔见了园园，就很热情地招呼她上车，说要带她一程。如果是陌生人的话，园园怎么都不会上他的车的，因为冯叔叔是熟人，园园没多想就答应了。园园上车之后，冯叔叔却把她带到了电影院，说是一定要请她看电影，还很热情地给她买了不少好吃的。可是电影开演没多久，冯叔叔就开始有意无意地对园园动手动脚，还“不小心”触碰了她的敏感部位，对此园园很是惊慌和反感，可是出于少女的羞涩，以及怕惹怒了一向对她很友好的叔叔，她一声不吭地忍受了下来。电影结束后，冯叔叔用车送她回家，一再叮嘱她不要对家人说及此事。

几天后，冯叔叔竟然又开车到学校来接她，说带她去他家玩儿，园园很不情愿，可是经不住冯叔叔“热情”的连拉带劝，身不由己地上了车。到了冯叔叔家之后，他先是拿出黄色碟片放给园园看，然后又开始抚摸园园的敏感部位，并说一些带挑逗性的话，园园的心仿佛在急剧收缩，头脑一片空白。当他还想再进一步时，园园本能惊慌地挣扎反抗，冯叔叔竟挖苦她“明明很喜欢还装正经”，园园哭着挣脱了这位叔叔，夺门而逃。

这以后，这位冯叔叔再也没来找过园园，园园却有了沉重的心结，只要有异性试图接近她，她就会心慌气促，出现种种过激反应。

送给女儿的悄悄话

园园在第一次受到性侵害时，没有明确地表达自己的反感，这导致了第二次性侵害的发生。所幸的是在第二次性侵害发生时，园园终于选择了反抗，从而阻止了更严重的伤害发生。然而，园园在此后对一切异性都采取了警惕和排斥的态度，这又是不对的。对于园园来说，这件事的发生，并不意味着她应该从此拒异性于千里之外，而是在未来与异性交往中，要学会自我保护，尤其是如何及时、明确地表达自己的意愿。

与花季少女有关的性侵害案中，大多数的性侵害都是由受害者的熟人或朋友一手造成的，这令很多受害者在事后陷入了迷茫和苦闷之中，不知道应该如何面对自己所受的伤害。有些少女因此而背上沉重的心理包袱，甚至出现严重的心理问题。

什么是性骚扰呢？顾名思义，即带有性意味的骚扰，比如言语的挑逗；违反女性意愿的抚摸、掐捏和调情；肮脏下流的笑话；淫秽、猥亵的言论要求；对女性身体的碰触；以及企图发生性关系等。性骚扰是人类社会普遍存在的软犯罪现象，妇女性骚扰的发生率，是国际社会衡量一个国家或地区文明程度的重要指标。

性骚扰的对象主要是女性，除了妙龄女郎或少妇，女中学生也时常会碰到。比如上体育课时，某体育教师在给女学生做动作辅导、保护时，有意接触女学生的胸部；女学生在公共汽车、电车上，市场、车站等比较拥挤的公共场所受到男乘客的有意挤碰；女学生在校门口受到一些男孩子的无理纠缠，要求交朋友或者用淫言秽语挑逗，以此取乐等，不一而足。少女由于年龄尚小，社会阅历较少，还不懂得怎样识别和如何应付性骚扰，因此常成为性骚扰的对象，为此，女孩应该懂得这方面的知识，以从容应付性骚扰。

一般而言，预防性骚扰应注意如下几点：

第一，当发觉对方有性骚扰的企图时，要把你的拒绝态度表示得明确而坚定，高声说："讨厌！"或者"恶心！"明确表明自己的态度，并告诫他若一意孤行将会产生严重后果。

第二，消除贪小便宜的心理。在外不轻易接受一般异性的馈赠和邀请。

第三，保持警惕，尽量避免与探询你个人隐私，总是奉承、讨好你以及对你的目光和举止有异样的异性单独相处。

第四，自尊、自重。对主动前来搭讪的陌生男子不要理睬，连瞅都不要瞅他，使对方自讨没趣；如发现有人不怀好意贴身挤碰时，应转身迅速摆脱；晚上尽量与人结伴而行，绝不单独外出，如有人尾随要立刻警觉起来，设法摆脱。

第五，要学会保护自己，警惕那些行为不端的男性的骚扰，一旦发现某些高年级学生的性骚扰迹象，应及时向学校或家长反映，不要不好意思，怕没面子，吃哑巴亏，眼泪往肚里咽，否则，对方会得寸进尺。性骚扰者往往欺软怕硬，因此，必要时可大声呼救，或采取自卫措施。

第六，自我珍重。有时男性的纠缠往往是你自身不谨慎所引起的。例如，和他人的接触超时超分；和对方单独约会，语言太随便开放；帮助和关心超额，主动而又频繁，使对方以为你对他有好感，结果自找麻烦。因此，平时行为举止要稳重大方，切莫轻佻。特别是在男性面前，不要太随便，如夏天不宜穿袒胸露背或超短裙之类的服饰。要有站相和坐相，那些不雅的姿势常是性挑逗、招致对方性骚扰的发生因素。

第七，对男教师或比较熟悉的人的某些性骚扰意向，应即用"眼光"或者用"轻声言语"作出某种抗拒的表示，或者干脆借故转身离去。一般便可避免类似情况的再次发生，同时也不至于使师生等关系变得很僵。

第八，女孩子外出应该了解路线，不要走偏僻的地方，特别是晚上。独自在家，注意关门，拒绝陌生人进屋，受到了性侵害，要尽快告诉家长或报警。

第九，外出应了解环境，尽量在安全路线行走，避开荒僻和陌生的地方。

第十，女孩外出，随时与家长联系，未得到家长许可，不可在别人家夜宿。应该避免单独和男子在家里或是宁静、封闭的环境中会面，尤其是到男子的家里去。

第十一，在外不可随便享用陌生人给的饮料或食品，谨防有麻醉药物；拒绝男士提供的色情影视录像和书刊图片，预防其图谋不轨。

第十二，晚上单独在家睡觉，如果觉得屋里有响声，发觉有陌生人进入室内，不要束手无策，更不要钻到被窝里蒙着头，应果打开灯尖叫求救。受到了性侵害，要尽快告诉家长或报警，切不可害羞、胆怯延误时间丧失证据，让疑犯逍遥法外。

第十三，独自在家，注意关门，拒绝陌生人进屋。对自称是服务维修的人员，也告知他等家长回来再说。

女孩要记住：自己不是永远的弱者。在性侵害案发生后，要果断地走出阴影，从深层次上认识性骚扰是侵犯妇女权益的软犯罪行为。摆脱传统的贞节观念的影响和束缚，拿起法律的武器，以大无畏的气魄求得政府组织、社会团体或法律的公正解决、杜绝此类事件的再度发生，才是最正确的做法。

正处于花季的女孩，在人生最美丽的岁月里，要时时处处加以小心保护自己。社会是复杂的，美好与丑恶并存，在人与人之间的交往中，花季女孩还很难分清谁是好人谁是坏人，要多观察多有所戒备。“千般呵护不如自护”，好好保护自己，因为你只有这一次青春。

关于艾滋病你要知道的

听妈妈讲故事：

见过小桃的人都不由得赞叹她是一个漂亮得几乎完美无缺的女孩。过完16岁的生日以后，小桃就是高二的学生了，她的成绩很好，读大学、考研究生、读博士是她一直以来的打算。她是一个心高气傲的女孩儿，得天独厚的条件很自然地让她对自己做出了未来要成为一个既美丽又智慧的女性的要求。

一天，黄昏回家的时候，小桃遇到了从国外回来的单身邻居。男孩实在太帅气了，谈吐之间，充满了新鲜的大洋彼岸的时尚气息，让小桃心动不已。

那天是小桃第一次在陌生的房子里过夜。男孩清晨离开的时候，她哭了，心里有一种莫名的失落。小桃没有要那个男孩坚持要留下的钱，她觉得她不需要任何补偿，只想要男孩能够留下来。可是，男孩还是出国了，从此音讯全无。

小桃是从发现自己的感冒总是不能痊愈开始隐约意识到危险的。她坐在网吧里，用了整整一个下午来查寻有关艾滋病的一切。第二天，她跑了很远的路，到了另一个城市，隐姓埋名地去医院化验，在街头闲逛着等化验结果，取了化验单之后像逃跑一样地离开……那是一个冬至的黄昏，她在爸妈讶异的眼神里，一个人把家里能用水洗的东西都洗了一遍。然后，她开始细细地洗澡。小桃说："我知道怎么洗也不能把自己洗干净了。"

深居简出的日子就是从这个时候开始的。小桃只能戴着漂亮的假发生活，稀疏的头发仿佛没有生命一般贴在她的头皮上。爸妈流干了泪水，可是事情却没有出现任何转机。如果要维持游丝一般的性命，每年最少要8万元，爸妈没有那么多钱。小桃安静了下来，也变成了一个规矩人，她知道其实再多的钱也没法挽救自己的生命。不和任何人有亲密的接触，尽量少到公共场所；不在外面吃饭，为了不用人家的餐具；只要能走路去的地方就不坐车，为了不沾别人也要沾的东西；有时候耐不住寂寞了也会摆脱父母的监管偷偷去酒吧，但她却从不和别人搭话，只喝听装的饮料，因为觉得那种包装可能不可回收……小桃说，她知道这种病不会通过这些途径传染给别人，可她还是忍不住就是要这么做。

送给女儿的悄悄话

艾滋病病毒，即"人类免疫缺陷病毒"，缩写HIV。艾滋病（AIDS）是一种由艾滋病病毒HIV侵入人体后破坏人体免疫功能，使人体发生多种不可治愈的感染和肿瘤，最后导致被感染者死亡的一种严重传染病。女性是艾滋病的高危人群，这其中既有社会原因，又有妇女生理上的原因。

艾滋病治疗依然前景渺茫，曾令人鼓舞的“鸡尾酒疗法”效果并不理想，巨额治疗费用让人难以承担，而疫苗研制遥遥无期。

艾滋病目前在我国开始加速流行起来。青少年，特别是少女，很容易成为艾滋病病毒的受害者。据有关统计表明，新的艾滋病病毒感染者，年龄大多在15～24岁。因为这个年龄段的大部分人，性生活开始活跃。

少女过早发生性行为危害性明显大于男性，因为青春期少女的阴道黏膜极薄，经不住摩擦并极易引起细菌感染。如果她们过早有性行为，或与HIV阳性的男性性交，她们不成熟的阴道黏膜和子宫颈，就不能提供对抗HIV侵扰的屏障。另外，不健康的性行为和性乱，还破坏了阴道中正常的微生物菌群，从而引发一些特异性感染，如阴道炎、子宫内膜炎、输卵管炎、盆腔炎等，这些又为艾滋病病毒感染创造了条件。年轻的女孩们总是不屑于那些来自书本、来自他人或者来自长辈的经验和教训，是不是一定要生活本身发出沉重而致命的一击之后，才会意识到，原来所有的危险正是自己悄悄种下的，就像花季中的小桃为自己种下后悔的理由呢？我们不能忽略的确有这样一个人群存在于我们的周围，他们有可能随时使我们甚至我们周围的亲人朋友陷入危险之中。

艾滋病之所以猖狂于全球，就在于艾滋病病毒侵入人体后直接侵犯人体免疫系统，攻击和杀伤的是人体免疫系统中最重要、最具有进攻性的T4淋巴细胞，使机体一开始就处于丧失防御能力的状态。艾滋病病毒一旦进入人体，就寄生于T4淋巴细胞内最核心的部位，并与细胞核的遗传物质DNA整合为一体，人体没有能力使其分开，更没有力量杀灭它，艾滋病就成为一种“病入基因”的痼疾。然而，HIV并非永生不灭的。艾滋病病毒对外界环境的抵抗力弱，离开人体后，常温下在血液或分泌物内只能生存数小时至数天，在自然条件下则不能存活。高温、干燥以及常用消毒药品都可以杀灭这种病毒。

艾滋病病毒主要存在于艾滋病病毒携带者和艾滋病病人的血液、精液、阴道分泌和乳汁中，偶尔也可在其他的体液中发现，像唾液、眼泪、尿和汗液。现已证实的艾滋病病毒传播途径有三种：

第一，性传播。75%的艾滋病病毒感染者是通过无保护的两性性行为（占70%）和同性性行为（占5%）而感染的。

第二，血液传播。5%的成人感染者是通过静脉吸毒，3%的是通过输血或使用血制品而获得的。其他的像注射器、针头、手术器械、口腔科器械、接生器械消毒不彻底或不消毒可造成医源性传播。日常的理发、美容用具、浴室的修脚刀不消毒或与他人共用剃须刀、牙刷等也能引起感染。

第三，母婴传播。受到艾滋病病毒感染的孕妇可通过胎盘或分娩时通过产道将病毒传给婴儿。

了解日常生活中不会感染HIV的活动与了解HIV传播途径一样重要，这可减少对艾滋病不必要的恐惧。HIV不会通过以下途径感染：

第一，食物、空气、水。

第二，公共场所的一般性接触，如：在一个教室上课，各种交通工具的座位、扶手，办公室的办公用品，工厂车间的工具，和影剧院、商场、游泳池等场所的接触。

第三，礼节性接吻。

第四，礼节性拥抱。

第五，握手。

第六，公用马桶、浴缸。

第七，蚊虫叮咬。

第八，纸币、硬币、票证。

艾滋病可怕，对艾滋病的无知更加可怕——它会让你误入险境！唯有认识了艾滋病的相关知识，你才能够有意识地去保护自己远离危险。

第9章

人际关系：不善交往烦恼多多

友情，是雾，是雨，还是风？心思细腻的女孩儿时喜时忧，渴望抓住一段珍贵的友情，却又缺乏信心，对方也是这样想吗？不知道为什么，见着人便脸红，连说话都心慌，结果越是这样越害怕与别人交往，自己和同学、朋友的距离也越来越远，信心几乎要丧失了！烟雨迷蒙的青春，友谊的快乐方向在哪里呢？

同性为什么一下子关系亲密起来

听妈妈讲故事：

一位母亲急匆匆走进咨询室，一脸焦急地说：“医生！麻烦您救救我的女儿吧，要不然她这辈子可就毁啦！”医生听得一头雾水，忙安慰她慢慢将事情说清楚。

“我女儿过去的学习成绩一直很好，可是最近却突然下降了。经过观察，我发现她与同桌的丝丝整天形影不离，连上课也是埋头在一起说悄悄话。现在同性恋的现象越来越多，我真怕她俩也是因为这样才耽误了学习。”在医生的详细询问下，这位母亲细细讲述了情况。

她的女儿叫姗姗，今年14岁，正读初二。她现在的同桌丝丝是初一下学期才转学到她们班上的，尽管她俩认识的时间不长，但好像特别投缘，脾气、爱好都相似。每逢周末不是丝丝跑到姗姗家做功课，就是姗姗跑到丝丝家做作业，只要作业一做完，两个小女孩就尽情地玩耍起来。起初姗姗妈想，只要她们在一起不会因贪玩而耽误学习，无论在谁家里，一起温习功课也是一种互相帮助的好方法。有一次，一个朋友从南方来姗姗家探望，顺道给姗姗买了几斤荔枝，她欢天喜地地毫不客气全部收下了。过了几天，姗姗的表妹来家里玩，临走时，姗姗妈将冰箱里的荔枝拿了两串送给她带走了。没想到姗姗放学回来后，发现荔枝少了，知道是妈妈送给她表妹了，就哭着指责妈妈拿她的东西送人不征求她的意见。姗姗从没吃过荔枝，所以，她当时吝啬自己的荔枝，是可以理解的。然而，周末她把丝丝带到家里做作业时的表现，却令妈妈感到费解了：她特大方地把剩下的荔枝全拿出来，剥去外壳先喂丝丝一粒，两人硬是将一大盘荔枝一鼓作气吃完才罢休。可见姗姗与丝丝好得不得了！

这次期中考试不仅丝丝的考分偏低，姗姗也由前十名突然下滑到27名。妈妈气得七窍生烟，连连追问考试失利的原因，姗姗只是一个劲儿地哭。妈妈拜访了她的班主任，想搞清楚姗姗学习成绩下降的原因。老师让妈妈注意一下姗姗最近的行为表现，尤其是不在学校的活动情况。

周末这天，丝丝又来到姗姗家做功课，姗姗妈决定哪里也不去，认真观察。她俩一边做着作业，一边不停地议论着某某明星帅呆了、谁谁酷毙了、某某女明星很In。妈妈在一边听着，一边不断提醒她们俩做作业时不要讲话，可根本不管用。到了晚上，她俩关上房门，睡在一个被窝里，枕着一个枕头，悄悄话一说就是几个小时，妈妈三番五次地制止，可管不了5分钟，她们又像蜜蜂似的嗡嗡开了。第二天早晨，妈妈让姗姗上街买早点，丝丝也要一同前往。看着她们下楼时挽臂搂腰的情形，再联想到她们做作业和睡觉时的一些情节，简直就像是一对热恋中的情人。所以，根据她们的种种迹象，妈妈初步断定：她俩一定是搞同性恋，才分散了精力，最终导致学习成绩下降。看到女儿走到这一步，做母亲的能不着急、心痛吗?

听完姗姗妈的诉说后，医生明确地告诉她，姗姗的学习成绩下降的确跟她与丝丝的过分亲密交往行为有关。但是，对于姗姗妈下的结论她不敢苟同。医生给姗姗妈讲述了前几天刚接手的另一个案例。

13岁的女孩梦梦，原来与一位女同学感情甚好，两人曾海誓山盟，一辈子绝不再和别人结成密友，要将毕生的友情都献给对方。可是，这种“完美”的关系只维持了一年多，那位女同学就与另一位女生好上了。这使梦梦既悲伤又嫉妒，整天愁眉苦脸，恨不得一死了之。

乍看起来，梦梦的行为表现跟失恋并没有什么两样。其实，这是很正常的事，大多是青春少女（少男）的同性依恋情结的反应。在校园中，经常可以见到像梦梦或者姗姗这样的两个女生或者两个男生特别要好，一起上学、一起玩耍、一起分享快乐与忧愁，对其他同学的介入还会产生嫉妒的情况，他们对父母、老师、亲戚都不说的秘密，彼此就能够敞开心扉相互交流，这在女同学当中情况更突出。

听完医生的分析，姗姗妈这才长舒了一口气，总算是把心放到肚子里去了。

送给女儿的悄悄话

青春期的友谊有其不同于其他人生阶段的特点。从儿童期过渡到青年期的生理和心理发育，大致要经历：两小无猜期、两性疏远期、两性爱慕期和正式婚恋期。青少年在两性疏远期中常常会有另一种自然倾向——同性之间亲密依恋的现象。

儿童期友谊很不稳定，朝云暮雨，无常易变，几分钟前的好朋友会忽然反目成吵架的对手，他们的注意力始终在自己身上，这种友谊大多数还只是一般往来。而青春萌动前期的少男少女正处于对异性的排斥阶段，同时，他们又渴望友谊，急切寻找能理解自己的人，可以毫不顾忌地说悄悄话。

在学校里，异性学生之间不能大大方方地交往，出现明显的男女生分界。在与同性朋友交往中，有些女孩子渴望结识年龄稍长的，能保护、了解和爱护自己的“姐姐”。随着交往的发展，逐渐成为爱慕依恋。这种情结的发展在两性疏远期是十分自然的。因为在这个阶段，异性之间的交往和亲近最容易受到同学们的注视和非议，而同性间的接近和亲热，则得到赞许和鼓励，这种同性的友谊随着友谊的深入，自然而然地就出现依恋情结了。

必须郑重强调的一点是，这种青春期同性依恋与同性恋是有巨大区别的，我们决不能把学校里同性朋友间的要好或亲密的现象与之混为一谈。

有同性依恋倾向的少男少女，绝大多数很快会成长到两性爱慕期，而不会发展为同性恋。对于同性依恋现象也要注意，如果在两性疏远期的交往中过分依恋要好的同性朋友，就容易丧失与异性交往的机会或兴趣，从而导致未来对社会生活的适应障碍。

面对少男少女的同性依恋情结，女孩子要做的就是多与其他同学交往，建立更多的友谊，不要陷入两个人的小圈子；更要与男同学建立友谊，发展自己的性别认同感。如果发现身边的同学朋友是同性恋的性别取向，也不能去歧视他们，要采取同情和理解的态度。同性恋既不是罪过，也不是品质问题，对他人、对社会都无妨碍，只要其行为能对自己和他人负责，就不能对他们横加指责和歧视。

走出两个人的友谊圈子，多接触其他同学，那么建立亲密关系所需要的能力和素质如理解、忠诚、敏感、值得信赖、可靠、成熟等，在更小更亲密的团体互动中就能够得到发展和检验，慢慢形成一种双向互惠的关心，产生感情和信任的交流，由此形成非常稳定的友谊关系。

女孩间亲密的友谊关系对其一生的发展有着重要作用。女孩在青春期结交的视为知己的亲密朋友，其在少女心中的地位至少与父母相等，有时甚至更为重要。友谊的建立和保持需要较高的自尊自信、较少的自我中心、积极的生活态度、理解和信任的能力、自我批评和报答酬谢的能力。反而言之，那些自我形象差、对他人和社会持敌视和拒绝态度的女孩，不仅难以建立真正的友谊关系，成年后可能也很难去建立正常的社会关系。

所以，紧密的同性友谊不仅是健康的，还是不可或缺的，它是上帝赐给女孩的幸福礼物，少女们应该小心呵护，倍加珍惜才对。

爸爸和妈妈会限制你吗

听妈妈讲故事：

树心是个北京女孩，刚好17岁。父母管得比较严，他们希望树心好好学习，不让她分心，也不许交朋友。父母的严格让树心很不适应。有时候，爸爸妈妈会偷偷看树心的信。同学来电话，爸妈就会查问是男是女、找她干什么。妈妈不让树心给男生留电话，让她只与女生接触。父母是为树心好，但树心却一点也感觉不到，而且越来越反感，整天想着怎么

能躲开爸爸妈妈的监控。上到高二的时候，树心觉得像自己这样年龄的女孩，已经应该有自己的生活空间了，家长不应该干涉自己的生活，即使这种干涉出于对孩子的爱，那样的爱常常给她带来无法摆脱的郁闷。

有一次，班里有位男生受了伤，同学们都纷纷对其表示关心，出于朋友的关心，树心也给他打了电话。妈妈监听了树心的电话，树心一放下电话，妈妈就开始盘问她。“你干吗那么关心他？”难道男女同学之间一接触就是早恋吗？树心怎么想也想不明白，她实在是无法理解妈妈考虑问题的出发点。就因为这些事，树心和妈妈的距离越来越大，彼此之间除了生活琐事和学习情况，母女两人几乎没有可谈的。

更让树心觉得悲哀的是，妈妈是做保险的，可发展业务全要靠爸爸，他们也整天吵，这让树心更加心烦，渴望逃得远远的。树心终于想到了一个解脱“牢笼”的好主意，决定将来考大学去上海或其他更远的地方，这样就可以过自由的生活了。没想到妈妈知道以后，竟然不假思索地说：“我和你一起去！”树心都快疯了，感觉自己就是在樊笼里挣扎却怎么也无法逃脱。

送给女儿的悄悄话

青春期最重要的人际关系是与父母和同辈的关系。这时女孩们对父母的态度与儿童期相比有了显著的变化，因寻求独立而与父母有所疏远，反倒与同辈如同学、朋友的关系开始变得重要，越来越迫切希望和同龄伙伴建立依恋关系。

正处于青春期的少女希望不依赖父母而自立，又认识到事实上是依赖父母的，因此常常感到冲突。随着思维能力的提高，追求独立和自主意识的加强，女孩们常常会拒绝父母的指导，甚至对父母的意见持批判的态度。父母好像什么事也做不好，什么都不懂，一切不对都归咎给他们，父母成了替罪羔羊。

在儿童期，父母在女孩儿的心中是无所不知、完美无缺的万能者形象。到了青春期，这样的形象被打破了。父母和别人没什么不同，这对青春期青少年是个严重打击。他们开始对父母严厉，审判父母，简直从不宽恕父母，这时通常所谓的代沟就出现了。

当然，代沟不是不可避免的，如果年轻懵懂的女孩能和父母彼此尊重、理解，两代人之间也就不存在代沟了。

代沟的出现，往往因为父母不能做到把已经成长的女孩当做成人一样对待，虽然这是家长的失误，但是如果少女们能够充分认识这一点，理解家长，才能够跨越代沟，与父母达成共识。比如父母常常采用命令、要求的方式而非在倾听之后给女孩一些指导、建议；比如因不知道如何与女孩讨论性的问题而采取回避或禁忌的态度，彼此从不交流；比如对待女孩的社交方面，因为太多担心而代替女孩选择朋友或简单禁止某些交往；比如经常指责女孩，哪怕不是女孩的错。父母是天生的，优秀的父母并不是天生的，他们当然有需要改进的地方，他们也要不断地学习才能真正教好孩子。少女在面对与父母之间的代沟时，要充分看到这一点，理解父母的立场。

对于少女处在青春期感兴趣的事物，父母的反对很多时候可能是因为还缺乏准备。如果家长和孩子双方在什么事情准许做，什么不准许做的方面取得平衡和默契，很多冲突就可能消失了。

无论与父母的关系怎么样，女孩在一些相对重要的问题或较长远的事情上，如升学、结交异性朋友、决定未来的职业、解决较深刻的道德冲突等，父母的意见还是值得信赖和思考的。

懂得主动、虚心地与父母充分沟通，不以叛逆和批判的方式来证明自己的独立，长大后你会发现自己在社会交往中就有了足够的自信和辨别能力。

和男生交往你要注意什么

听妈妈讲故事：

可可今年17岁，她生性活泼开朗，平时很容易跟男孩子打成一片。一群异性朋友中，和可可关系最好的是阿争与阿健，他们3个人还结拜成了兄妹。

有一次阿争的家人都外出了，3个人买了零食和啤酒一起到阿争家举行了一个聚会，3个人玩得不亦乐乎。可可虽然是个女孩子，但是酒量明显比两个“哥哥”要好，她更是毫不扭捏地干了一杯又一杯。可可历来就是一个豪爽的姑娘，这也是她和男孩子们性情相投的地方。阿争和阿健为“妹妹”的“海量”不断喝彩，就这样3个人都喝了很多酒。夜深了，话题似乎都讲得差不多了，3个人带着酒意沉默了一会儿。此时阿健提议轮流讲黄色笑话取乐，已有醉意的可可也未反对。阿健和阿争都讲了黄色笑话后，3个人笑成了一团。轮到可可了，可是可可却只是一个劲地只会笑，不会讲，因为她从来没有听过这样的笑话。带着醉意的阿争和阿健便说按照游戏规则，谁不讲的就要脱一件衣服以示惩罚。酒意朦胧的可可很痛快地就将外衣脱掉了，这一举动使正处在青春萌动期的阿争和阿健难以自控，轮流和她发生了性关系，而可可也迷迷糊糊地听之任之。次日清醒过来以后，3个人明白了自己所做的一切，都呆住了。可可仿佛失去了理智般痛哭起来，虽然阿争与阿健一再向她道歉，她仍然中止了与阿争、阿健的交往，即使是在路上偶遇，也赶忙远远避开。

可可本打算把这件事永远埋在心底，可是从那以后，她却开始做噩梦，在梦中反复出现那晚的情景，醒来以后常常暗自啜泣，觉得自己就是别人常说的那种“荡妇”、“坏女孩”。渐渐地，开朗的可可开始厌恶自己，也厌恶与人交往，变得极端自卑和自闭，忧虑的家长不得不考虑带她去看心理医生。

送给女儿的悄悄话

俄国大诗人普希金曾说过：“不论是多情的诗句，漂亮的文章，还是闲暇的欢乐，什么都不能代替亲密的友情。”友谊是广泛的交往，不分男女，不必考虑双方现实条件的矛盾冲突等问题。青春期的友谊是朋友或同学之间的一种深厚的感情。学生时期培育的友谊是真挚的、纯洁的，它不带任何功利的成分，也没有世俗的铜臭味，因而极为珍贵，甚至终生难忘。

但是，青春期少女与异性的友谊问题是一个比较复杂的问题。异性之间的友谊如何处理得更好？如何与异性进行正常交往呢？对于一个正处于青春期的女孩来说是有点困难。但是只要你用心去做了，就一定能够做好。

第一要抱着“两小无猜”的心态，培养健康的交往意识，态度端正，淡化性别意识。心正则思绪无邪念，交往起来自然也就会落落大方。把握与异性交往时的心理距离和行为分寸，避免让彼此感到过于亲密和引起心绪波动的接触。如果在交往中发现对方的苗头不对，要调整自己的态度，使交往恢复到正常男女朋友交往的状态，坚决避免因朦胧的青春爱情影响青春期的成长、发育。

第二要牢记“君子之交淡如水”的原则，广交朋友，避免只和某个男生接触，交往程度宜浅不宜深。广泛接触有利于认识、了解更多的异性，对异性有一个基本的总体把握。学会辨别异性——有的男孩外表长得很“酷”，但可能通过交往发现其道德伦理淡漠，人生追求颓废堕落；有的人学习成绩顶呱呱，各方面都很出色，却目空一切、颐指气使，不懂得尊重他人。所以，利用每一次集体活动的机会，有意识地在更广阔的人际范围内进行交往，是十分必要的。否则，小范围的交往难免会“一叶障目，不见泰山”，对异性的了解不但有限，可能还会失之偏颇。最好参加男女同学都有的集体活动，这样更有助于培养自己以平常心与异性相处。另外，在群体活动中，更有机会了解不同的异性。因为一个人在群体中的表现，比他在某个异性面前的表现更为真实。

第三要把握好“自然”与“适度”两个原则。消除与异性交往中的不自然感是建立正常异性关系的前提。所谓“自然”原则，就是与异性交往过程中，言语、表情、举止、情感流露以及所思所想要做到自然顺畅，既不盲目冲动，也不矫揉造作。自然原则的最好体现是，像对待同性同学那样对待异性同学，像建立同性关系那样建立异性关系，像与同性进行交往那样与异性进行交往。所谓“适度”原则，是指异性交往的程度和方式要恰到好处，应为大多数人所接受。既不要因异性交往过早地萌发情爱，又不要因回避或拒绝异性交往而造成双方的伤害；既不过多地参与异性之间的“单独活动”，也不在异性面前如临大敌，拒不接纳异性的热情与帮助。当然要做到为大多数人所接受是不容易的，这里面还要有一个自然、适度的异性关系能否为周围大多数人（包括教师、家长）所承认和接纳的问题。

多参加有意义的聚会

听妈妈讲故事：

初中三年级的小于平时就不喜欢与同龄的同学一起玩，上学放学都是形单影只。并不是她的人缘不好，她总是下意识刻意地逃避和他人的交往。她每天除了去学校上课外，大部分时间都独自在家里看书、看电视，几乎不与任何同学有交往，更不会见到她和任何一个男同学有过半句话的交谈。

从去年开始，小于就非常害怕遇到男同学。每当在上下学的路上遇到男同学，她就脸红，窘迫得恨不得马上变成一股透明的空气在对方的视野里消失掉。事情的严重性直到一次上体育课时终于显露了出来。按照课程的设计，老师安排同学们两两赛跑，一名男同学和一名女同学为一个组合。轮到小于这组的时候，比赛产生的紧张感再加上身旁这名男同学给她的心理障碍，起跑的号令发出以后，小于的脚步怎么也迈不出去，定在原地动也不动，呆立在一旁浑身发抖。同学们惊讶的眼光一下子就全部集中到了小于的身上，这目光像一道道激光一样灼得小于几乎要停止呼吸。跑出老远的男同学发现对手没有追上来，就跑回头询问，没想到刚靠近，竟被小于在胳膊上恶狠狠地咬了一口。

经过诊断，原来小于患了典型的重度青春期社交障碍异性恐怖症。

送给女儿的悄悄话

和同龄人之间的社交关系对少女的成长非常重要，它们构成重要的社会支持源泉，形成少女生活的一个关联的社会环境。同辈关系的发展从青春期一直延续到成年期，同伴往往成为成长过程中进行自我分析和自我评价的"镜子"，所以，多参加有意义的聚会，开拓自己的社交小团体，不避异性朋友的参与。随着初期团体的经验，少女才会获得更健康的自我评价和自我选择。

多参加有意义的聚会，参与到人群中去，不仅对少女建立良好的自我意识有帮助，还能帮助少女形成良好的人际交往意识。像小于这样出现心理障碍的学生只是个别现象，更多的中学生则是被各种各样的人际交往问题困扰着。在青少年心理问题中，有50%以上涉及人际交往问题。

"我和班里的一位女生彼此都有好感，都很喜欢相处在一起的感觉，我现在能跟她交往吗？"

"爸爸妈妈离婚了，我成了一个没人管的孩子，觉得很孤独。"

"我唯一的好朋友要过生日了，同学们都送她礼物。我不送她礼物她会不会就不理我了呢？"

“我的好朋友这几天无缘无故地不理我了，而跟另外一个学习、体育等各方面都不如我的人形影不离。”

“我有一个困惑，我学习好的时候大家远离我，我成绩差的时候大家瞧不起我，我该怎么办呢？”

这些问题绝大多数并不属于心理障碍，而是随着青少年身心发展渴望学习人际交往的一种需求。人不可能生活在封闭的环境里，只有在较完整的人际关系环境中成长，用心去分析和体会人与人之间的关系，少女才会逐渐适应和获得人际交往的技巧。

建立自己的择友标准

听妈妈讲故事：

初三学生姝姝历来是学校里的“三好”学生，不仅学习好，还颇得同学们的喜爱，在班级里是个人缘极好的学生。慢慢地，姝姝竟然认为，广交朋友才会让自己更加显得风光。学校里有的女孩子交了一些社会上的朋友，在学校里“呼风唤雨”，人人都敬三分，好不威风。姝姝对此看在眼里，羡慕在心里。

有一次，不知道什么原因，同级的几个在社会上很有“靠山”的女孩子来找姝姝，说要和她交朋友，邀请她放学一起出去玩，姝姝感到特别荣幸，想都没有想就答应了。这些女孩子带着姝姝认识了她们在社会上的“哥们儿”，并且拍着胸脯说有什么事只要开个口，她们一定会极力

“撑”她。她们要求妹妹平时帮她们做作业，妹妹抹不开朋友的面子，总是来者不拒，生怕自己落下一个不讲义气的名声，那样她们肯定会很瞧不起自己的。朋友们常常约上她一起出去和社会上的“哥们儿”聚聚，地点很多时候都是在游戏机室。妹妹之前从来没有到过这样的地方，很快就沉迷其中，慢慢地就成了游戏机室里的常客。后来，她的成绩也开始下滑，渐渐地失去了学习的兴趣和信心。为了追求“高消费”，她跟着那几个朋友伙同社会上的一帮“哥们儿”拦路抢劫。结果几个“哥们儿”因为触犯刑法被依法判处有期徒刑，妹妹也被送去劳动教养。

送给女儿的悄悄话

青春期的女孩有较强的求知欲和参与意识，不满足学校里所学的知识，也不满意枯燥的学生生活，于是率先走向社会，接触社会上的各类人。在青少年时期，无论少男还是少女，多少都会有一些交友虚荣心，但是对于结交社会上的朋友，我们一定要谨慎。

如果要结交朋友，选择很重要，许多女孩往往弄不清楚朋友的真正含义，甚至错误地认为，建立在满足自己欲望之上，依靠吃喝维系的酒肉朋友才够情义，而事实上却往往因为这样的狐朋狗友讲友情，不论是非，才造成了少女犯罪的增加。从对犯错的少女调查表明，因交友不慎而犯错误者占了很大的比例，这类教训是非常深刻的。在这个方面，女孩首先要学会正确地对待父母、老师的教育，学会请求他们的帮助。毕竟成人的社会经验比较丰富，判断能力也较强。

女孩子选择朋友要谨慎，朋友对于女孩子一生中人格的形成有着深刻的影响，不但影响言行、穿着打扮、处世方式、兴趣趣味，更影响价值观的形成和对自我的认识。同伴们嘴里说出来的话对于青少年来说有着一种强大的同化力量，使自己自觉不自觉地在思想行为等诸多方面愿与同伴接近。朋友的赞赏令自己心满意足，而且，朋友对自己的贬低，背信弃义和不辞而别最能使自己有一种刻骨铭心的伤痛，情绪低落，怀疑人与人之间真情的存在。因此，审慎地择友对于自己建立健康向上的人际关系，发展自己的情感和精神世界有着极重要的作用。

从善而择，和好人交朋友，自己才能提高、完善。所谓“与善人居，如入芝兰之室，久而不闻其香”，长期与一个人在一起，自然会受到潜移默化的影响。少女交友，需要注意两个方面的问题。

第一，应该选择什么样的人做朋友。

友谊建立的基础是：真诚平等，互帮互谅，共同追求。少女们一定要善交益友，不交损友，乐交净友。益友，指能够帮助自己上进的朋友。损友，指会对自己道德品行产生不良影响的朋友。净友，指能够直言不讳地指出自己错误、批评帮助自己的朋友。

美国作家马克•吐温对于如何选择朋友有一段忠告，他说：“不要接近那些竭力使人丧失信心的人，这是渺小的人所固有的特点。伟大的人物则相反，总是使你产生一种感觉：你可以成为伟人。”古语云：“近朱者赤，近墨者黑；交友之道，莫敢不慎。”在还未了解对方基本品质之前，仅凭一时的谈得来和相互欣赏就急急忙忙贸然地把自己的信任与情感全盘托出，这样往往容易为以后不良关系的发生埋下伏笔。恪守日久见人心的古训，通过与他人的多次交往与活动，通过观察对方的言谈与举止，就可以洞悉对方的个性、爱好、品质，觉察他的情绪变化，从而判断他是否值得深交。对于刚刚想摆脱对父母精神上的依赖，渐渐萌生独立感的青少年来说，独立面对世界的信心是稚嫩而不坚定的，自己的内心深处隐藏着对未知社会的向往与恐惧，这时候是多么需要别人热情的鼓励和真心的抚慰！所以，要选择那些能够激励自己的人做朋友。交友不慎，是成长中的重大损失，也是不幸的。渺小的人一般都心胸狭窄，嫉妒心强，惧怕别人超过自己，所以他们总是不露声色又想方设法地摧毁别人宝贵的自信，忽视别人的成绩，夸大、赞扬别人的缺点、弱点，使人产生一种难以言状的自卑。因此，要尽可能地避开这种人。

第二，女孩子要学会建立自己的择友标准。

物以类聚，人以群分。选择与自己脾气、志趣、爱好、个性、理想相同或相近的同伴为友，不但可以给自己心灵以安慰，还能让自己有一种安全感和归属感。

我们交友不仅要和相似的人交往，还要和那些与自己的个性气质和能力可以互补的人交往。如果说与性情相投的人交往是我们自然而然无意识的行为的话，那么我们和与我们性情相异的朋友交往，则需要我们自己的自觉了。与自己相异的人交往，更利于自己在知识上、处世能力上、个性成熟上较快而全面地成长和发展。与自己差异较大的人，往往会给自己更多的启发，开拓自己的视野，使自己从别人那里学到和看到另一种思想境界和性格特征，从中也能学会同各种类型的人打交道的本领，增强自己理解他人的能力，为今后真正走上社会，开拓事业打下良好的基础。

人的需要是多方面的，成长中的青少年在交友类型上放得越宽（注意：不是标准降低），就越利于自身的健康全面发展。当然，要记得按照自己已经建立好的择友标准来吸纳朋友进入你的交际网中。

青春期的困惑无处不在，自己在纷乱的世界中是多么盼望朋友在倾听自己内心的表白时，能及时地为自己指点迷津，让自己困惑的心灵顿开茅塞。导师型的朋友常常会使处在迷惘混乱状态中的自己眼前燃起指路的明灯，使百思不得其解的愁肠一语解开。在一天的喧嚣之后，找最亲近的朋友，围坐在一起，彼此倾诉自己的肺腑之言，净化心灵，你会得到一种面对生活的巨大力量。

除了要交上述关照自己心灵苦乐，关注自己内心细腻感受的益友、净友外，还应交一些玩伴型的朋友。在共同的兴趣和爱好的衬托下，自己与同伴在学习之余能一起愉快地度过闲暇，也是一件极富浪漫色彩的好事，不仅陶冶了大家的性情，也增进了相互间的友情。

慎重对待网络朋友

听妈妈讲故事：

舒心和一个名叫“等着你出现”的网友在QQ上认识整整1年了，在网络上，他们交流了很多很多不可以对别人讲的话。“他”是一个什么样的男生呢？是否在现实生活中也是个风趣幽默、善解人意的大男孩？我们能在网络之外做好朋友吗？舒心偷偷“爱”着的大哥哥到底长的什么样呢？其实，舒心对“他”充满了许多期待和幻想。

“等着你出现”请求和舒心见个面，他说：希望彼此的友情能够走出网络，在现实中得到实在的确立。经不住“大哥哥”的再三请求，舒心答应了，时间确定在周六上午10点，地点就在她家楼下的餐馆里。舒心心里对于“他”的许多问题也该有个答案了，想到这里，舒心觉得这次见面是个很不错的决定。

充满期待的周末终于到来了，舒心一大早就起来梳洗打扮，第一次见“大哥哥”当然要郑重点啦，所以花多点心思是必需的。

正当舒心准备出门的时候，被妈妈叫住了：“舒心，今天是周末，你怎么不睡懒觉啦？再过1个小时就吃午饭了，你还要去哪里？”

“我……我约了同学周末……周末一起逛街。”舒心为了不让妈妈小题大做，决定撒个小谎，免得她把自己的约会给搅黄了。

“哦？”妈妈觉得舒心说话底气不足，心里打起了问号。

不等妈妈反应过来，舒心丢下一句“我就在楼下，一会儿就上来”赶紧出了门……要是再等她老人家唠叨，约会肯定要迟到。

终于在约定的时间见到“等着你出现”了。“他”是一个高个男生，不过年龄似乎比舒心大，不像是同龄人。而且，他们俩在现实中聊起来也远没了在网络上的那种投机了，看来网络和现实的确存在着差别啊。这就是所谓的“见光死”吧，舒心寻思着找个借口说再见。

“等着你出现”好像看穿了舒心的想法，他有些不高兴了，说道：“你是不是对现实中的我挺失望的？”舒心没有作声，只是尴尬地看了他一眼，说：“我们还可以继续做网络上的好朋友嘛。”

“我约你出来就是想和你做现实中的好朋友。人和人之间的了解是需要一个过程的，你现在对我还是没有太多的了解，要不你和我回我家坐坐吧，我们可以再好好聊聊。”

舒心眼见情况不对劲，立刻警觉起来：“我要回家了，再见。”

没有想到，“等着你出现”竟然突然一把抓住舒心的手，喝道：“不许走，你来了就必须跟我回家……”舒心吓傻了，只是一个劲地往后退，想挣脱那人的手。

就在这个时刻，妈妈突然出现了，她一把拽住“等着你出现”的手，厉声喝道：“放开我女儿！”

“等着你出现”一下子慌了，立马松开手，迅速溜出餐馆，消失了。

舒心惊魂未定，抱着妈妈说："妈妈，幸亏你及时出现，要不然就要出大事了。我今天决定见陌生网友的行为真是太草率了。"

就这样，这是舒心第一次见网友，也是最后一次见网友了。她终于看清楚了，现实世界和网络的虚拟世界是绝对不能简单地混为一谈的。

送给女儿的悄悄话

青春期正是由幼稚走向成熟的阶段，少男少女在这个时期会出现情感和精神的需求，心理表现出"闭锁性"，不愿意与家长或老师进行过多的交谈，而网络恰恰在这个时候满足了他们的心理需求。网络的虚拟性、隐匿性，使人与人之间可以不公开自己的真实姓名，不用担心对方泄露自己的秘密，思想上没有什么负担，可以放心地在网上倾诉自己内心的烦闷，能与对方平等地进行交流，因而一旦青少年在网络上建立了友情，便难以中断与网友继续交流。

很多女孩子都只是看到网络上能够交到良友或知己好的一面，而没有看到任何事物都具有两面性，没有真正警惕对网络交友存在的危险性。如果能够将网络中的美好友情发展到现实生活当中，未尝不是好事。但是俗话说得好，知人知面不知心，我们在现实生活中了解一个朋友都需要花较长一段时间，何况是在虚拟的网络世界。

网络是一个虚拟的世界，网友无疑比现实生活中交友缺乏真实性，相对于在现实中交到好朋友的概率要低得多，要在网络上交到一个真诚好友很难。许多人在网络上透露的信息都是假的，姓名、单位、年龄等资料根本无从查证，涉世不深的青少年很容易就会上当受骗。

在现实生活中，能够成为我们好朋友的人，都必须对对方的缺点、优点、性格、为人处世、个人风格等等有了了解才会产生友谊，网友很难像普通朋友那样交往，又怎么能够轻易成为真正的好友呢？在网络聊天的过程中，人们总是无意地美化对方，对对方的气质、人品却一无所知。说不定你最最谈得来的“大哥哥”就是一个专门靠网络玩弄女性的色魔或者是一个劫财劫色的犯罪分子。

网络交友一定要谨记两点：

第一，要郑重，慎之又慎，注意辨别对方的素质和品格，不要滥交、泛交网友。朋友不在多，而在真、善、美，不能轻易和不值得的人建立交往关系。

第二，不能轻易和网友见面，这样就能保证自己的安全。如果真的非常有必要见面，那就一定要带上他人陪伴。见面场所应选在公共场所，见面坦然声明不喝对方单独买给你的饮食，这样也不见得尴尬，如果是真心交友的人，也一定会谅解。

“网友”并不神秘，作为女孩，一定要根据现实来决定自己的所作所为，在网络这个虚拟的世界里要时刻提高警惕，保护自己不受欺骗和伤害。

怎样和老师相处得更好

听妈妈讲故事：

很多同学都有这样的体会，当你对某个科目的老师有不好的看法的时候，往往这门课学起来特不舒服。有个同学从小就不喜欢学语文，他妈妈问为什么？他的理由很简单，因为第一个语文老师长得太丑了。

就拿小蕊来说，她打小学开始就有一个偏执，就是不喜欢上课有口音的老师。因为听这样的课实在是费劲。但也有例外，小蕊上中学的时候，历史课老师就是口音很重的一个人。不过，他只用了不到1分钟就完全改变了小蕊对他的看法。

在上第一堂课的时候，当老师用浓重的口音介绍自己时，小蕊心里马上就不耐烦起来，本来这样的课就已经被列入副科，心里就瞧不上的，再加上这个老师其貌不扬，口音甚重的表现，小蕊就开始准备搞点别的活动了。可这位老师接下来的话让小蕊是那么诧异和感动，让她一辈子都难以忘却。老师继续讲道："同学们，很抱歉，我的口音很重，让你们听着吃力了，我会尽量说得慢点。"

对小蕊来说，听懂历史老师这段话虽然也比较难，但她却觉得非常美妙，她感觉到老师是那么真诚、那么值得尊敬。那一刻，小蕊直为自己30秒前的看法感到羞愧。因为在这之前，还从来没有听到过一个老师向学生说对不起。小蕊感觉到很稀罕，更关键的是，她认为这个老师值得自己尊重，因为他能够真正关注学生的感受。小蕊不由得挺直了身体，虽然她当时并不喜欢历史课，而且小蕊知道许多同学对这个老师和他的课程并不领情，但为了向自己所尊敬的老师有所表示和回馈，小蕊要求自己做出一副非常认真听讲的样子。小蕊想让这位老师知道，在他的课堂上，至少还有一个学生在认真听他的课。后来，没有人愿意做历史课的课代表，而小蕊很乐意争取来做，这样让她更容易地接近这个历史老师，并表达自己的尊敬。由于和老师的接触多了，小蕊竟然对历史产生了独特的兴趣，历史也学得越来越好。小蕊也受益匪浅，由于历史学得好，她的作文内容总是最新颖、最丰富的。

送给女儿的悄悄话

首先我们要认识到，老师也是一个有血有肉的凡夫俗子，对于他人产生或多或少的偏见是难以避免的，但是，怎么与各种性格的老师相处对青少年来说却不是一个无关紧要的问题。当我们面对一个自己不喜欢的老师在课堂上侃侃而谈的时候，学习的心劲怎么还能提上来呢？有许多同学可以找到很多理由不喜欢老师，以此作为可以不学或不学好这门课的理由，这实在是太愚蠢了。但如果只是因为这个原因就不喜欢某些课程，那么最大的输家一定是自己。

许多同学对老师都有自己的评判标准，大多数人不喜欢老师的原因大致如下：

第一类，因为该科目老师的外形、口音、习惯性动作、邋遢、体臭、生理缺陷等外在印象。有时候这些缺陷是由于这位老师不拘小节造成的，有些是由于他本身无法弥补的。难道只因为老师的脸色不够阳光就让你讨厌他教的学科？这就太幼稚和无聊了。如果遇到这类情况，你应该从自己的心态上找原因，给自己一个学会宽容和学会爱的机会。

第二类，老师因为教学以外的事情处理不公，或者听说过对他不利的传言，或者认为他虚伪、做作等，造成对他人格的极度蔑视和反感。作为学生要明白，自己是没有权力去指责老师的，更何况要真正了解一个人并不是那么简单的事。老师个人只代表他自己，而他的课代表一门学科，这两者之间没有关系，而你只是和这门学科有关系。所以，你要学会客观地对待问题，而不是根据个人喜好去盲目批判，这无疑会增长你的生活智慧。

第三类，因为老师对你忽视、小看或者曾经侮辱过你，或者由于误解而错误地处理过你，使你对他心怀不满。你憎恨这个老师，是因为他对你缺乏尊重；而老师没有重视你，则至少是因为你做得不够好。作为一个上进的、有理想的学生，你所需要做的就是做出最好的自己，憎恨绝对不可能成为获得别人尊重的方式。你需要在这样的情况下学会应对挫折，这是一个学会做强者的机会。

第四类，因为老师年轻缺乏经验，或者课堂教学方式古板，总之他的教学水平不太强，让你无法对他讲授的课程产生兴趣。你应该把这当成一个好机会，这样你就可以学会自学了，有些时候差老师带出的好学生往往是最厉害的学生。

还有两种比较特殊的情况。

第五类，因为老师和你家人关系特殊，所以老师对你明显有些偏爱，但你就是因为这个原因而讨厌老师。这种情况下，既然家人和老师有渊源，那就和家人做好沟通，希望老师不要做得太偏爱，为了让老师和家人放心，你要做得很棒就更有说服力了。

第六类，因为有的老师的确品格上有问题，喜欢上了你，由于紧张和羞耻心对老师反感。在这样的老师的课堂上，你一定要大方地抬起头。面对充满邪欲的眼睛，最好的办法就是直视他，他是会心慌的，否则你的怯懦就是他的机会了。如果这个老师还不知趣的话，那么就跟妈妈说说，妈妈会帮你搞定的。

还有一个最糟糕的情况。

第七类，因为你没有学好，但你找不到很好的理由说明这一切，你会拿该科目的老师让人讨厌作为借口。不仅如此，还强调有多少同学也和你一样不喜欢这个老师。这种情况不仅巧妙地蒙蔽了家长，也把自己给欺骗了。到最后，你真会觉得这是你没有学好的原因。借口不会对你有任何帮助，说到底，即使是最好的老师也往往会被你带上莫须有的帽子和罪名。

和老师相处出现问题，这样的矛盾随着年级的增长而增多。那么如何调整呢？教你一个简单有效的办法，不过我们这里的前提是你至少认为学习对你是必要的。

1.拿出一张纸。

2.左边写上你不喜欢的老师的名字，右边写出他教的课的名称。

3.左边写出你讨厌他的原因，右边写出这个课程能让你得到什么。

4.仔细想想，请写出你学习的收获和对老师的反感有什么联系。

我想，你无法写出。就好比你讨厌下雨而不想吃饭一样。因为你无法写出，所以你不能拒绝你的期望。人有时候并不是总在情绪好的时候做事情，只是因为必要。而当你投入身心去做一件事情的时候，你的情绪自然也会变好。也就是因为这个原因，人类才会不断进步。

这些方法不一定能真正解决你的问题，但能对你有点启发。当你对老师有了不良情绪的时候，多从自己身上找原因，多从自己这里找出路。因为老师也是人，我们应该容许人家有不足。而且老师是恩人，不管你承认不承认，也不管他喜欢不喜欢你，他在课堂上给你的不比别人少。

让更多同学欢迎你的方法

听妈妈讲故事：

晴晴上初中的时候，学习成绩非常优秀，但却很少见她和别的同学一起玩。她一直独来独往，沉默寡言，可能因为她性格内向，不善与人交往吧。她学习非常努力，只有在拿到一百分时才显得活跃一些。可是她知道，她是需要友谊的。

晴晴曾经有过一个好朋友——小夏，她们非常要好，晴晴经常带着小夏回家玩，有什么好东西总是让妈妈给她带两份，一份给小夏。总之，她对小夏好得无可挑剔，可后来她们却闹崩了。晴晴说交朋友太累了，从此更加沉默。

现在，晴晴更加烦恼了，她都上高一了，她感到越来越孤独。由于太内向了，她不知道如何与同学们交流，同学们也不理她。当大家快乐地聚在一起说说笑笑，谈天说地时，她好羡慕啊！可她总觉得与她们的关系是那样陌生、疏远，总是无法完全融入那种气氛中。结果，她只得一个人默默地缩在角落里，同学们似乎都认为她是一个清高孤傲的人。其实，晴晴正饱受孤独之苦，晴晴常常在心里问：该怎么样改变自己才能交到朋友呢？

送给女儿的悄悄话

交朋友首先要打开自己的心扉，其次就是要有自信，相信自己是一个值得别人交往的人。每个女孩都渴望拥有自己的朋友，渴望自己成为班里人人喜爱的人，要想让更多的同学喜欢你，接近你，要注意三条交友原则：

第一个原则是要懂得尊重与宽容。尊重与宽容是友谊的黏合剂，保持着友谊不受侵害。朋友间的一团和气，不互相欺侮，不盛气凌人还不算是彼此尊重，人与人之间的尊重有着更丰富的内涵。审视一下自己，就会发现自己会不自觉地用是否够朋友来要求自己和约束对方，使自己和对方都在言行上、处世上合乎双方的利益和友谊的标准。比如，我对张三好，你也应该和我一样，我选李四当班干部，你也得同意，不同意我的意见，你就不够朋友。所以，切记我们不能因为自己不喜欢就对朋友的行为感到莫名其妙；也不能因为自己喜欢，就勉强或强迫别人也同样抱有兴趣。要实现对别人的尊重就需要有一种平等的宽容态度，把别人看做是一个和自己一样有思想、有爱好的独立的个体，做到对朋友的尊重。不但要容忍友人与自己的不同之处，尤为重要的是，对友人的缺点、过失要有宽容之心，并真心地指出，并帮助他改过。人非圣贤，孰能无过？人既然不能完美无缺，对友人就不要过于挑剔，在非原则问题上，不必苛求，否则会失掉生活中真正的朋友。

第二个原则是交友要多样化。大千世界无奇不有，不同的朋友可以满足你不同的需求。有的可以帮你出主意，有的可以在学习上帮助你，有的能够陪你玩得很尽兴。学校其实就是一个小型社会，如果你从小就在学校里学会了和各色人等和谐相处，能与任何性格的人打交道，那么往后你就会成为社会上一个非常成功出色的人。

第三个原则是要有独立见解。和朋友同学在一起，不能人云亦云，一些不正确的事，即使朋友都干了，你也不一定要去跟着干。更重要的是，坚持真理，讲自己该讲的话，坚持该坚持的立场。这会让你从人际交往中筛选出真正值得交心的朋友，并且从中锻炼出自己正直刚强的人格，未来一定会因为你这一优秀的个性受益匪浅。

掌握了交友的原则后，还要懂得如何去经营已经获得的友谊。友谊是我们生活中的阳光雨露，要让友谊之树常青，必须通过我们的努力，不断地浇灌、培土、施肥、去虫，才能使友谊之树常青常绿，永不凋谢。其实，对待友谊除了理解、信任、尊重、宽容以外，还应注意以下几点:

第一，要经常和同伴保持联系，不要只在有事的时候才想到他人。尽量在课外的时候和同学沟通走动，长此下去，你的这位朋友一定是最知心，最“铁”的。

第二，平时的关心只是面上的事，要真正给友情之树注入更深厚的养料，应该是在学习上相互提供真诚的帮助，特别是在朋友有困难的时候，例如，生病、家中有了意外等，我们应该出现在这个时候给予朋友帮助。可以说，一生中的诤友不多，一定要经过风雨，甚至生死的考验才能换来的，露水式的朋友靠不住，花言巧语换来的友谊也是短暂的。

还有一个值得女孩们特别要注意的现象就是青春期的伙伴群体。青春期青少年之间的交往，除了一对一式的密友、知己型的交往外，客观上还存在着班级里的“伙伴群体”现象，即“小团体”现象。校园里的“伙伴群体”大致有以下几类：

1.挚友群——其关系密不可分，相互信任，相随相伴。

2.好友群——由几个挚友群结合在一起，具有相对的排他性。

3.伙伴群——由几群好朋友聚合在一起，一般具有相似的兴趣和价值观。

人总是生活在一定的人群之中的。通过人际交往，一些看法接近，志趣相投，气质相合的人互相吸引，结成友谊关系群体，这是很自然的事。人都有一种社会性的归属感，希望自己被群体所接纳，希望自己成为某一群体的成员。如果自己不属于任何一个圈子，就会产生失落感和漂泊不定感，心里像长草一样，静不下心，定不下神，总觉得生活得不踏实。这样的人会时时找机会，套近乎，接近某些团体，以期望能被接受，从而能享受团体中那种自认为优越的条件。团体的存在，确实给青少年的心灵以安慰，给情感以满足，同时也为他们的成长提供了一个较好的小环境。在团体的交往中，大家彼此认同，在认同中肯定自我存在的价值，对于消除孤独感以及自信心的培养和巩固十分有利。

这种团体，也有一定的局限性——排他性。团体会使身处其中的青少年处在一种闭关自守、夜郎自大的状态之中，变成一个与外界隔绝的个体。在团体中，个体的交友、交际的范围受到限制和制约，甚至画地为牢，对外来的一切人员，一切声音采取极端的手段，冷漠、仇视、感情用事等等一些不利身心健康发展的事情常会发生，成为“哥们儿”义气的“小山头”。这是应该引起我们注意的。

其实，不断树立和追求远大的人生目标才是我们青春期最重大的人生任务。通过交友，经历有形和无形的感情磨炼，学会珍惜时光，珍惜生命，珍惜友情，珍惜生活，才能在未来社会生活中承担一份责任，一份使命，平安、愉快地度过青春期，向人生的最高目标航行。

狭路相逢：青春期撞上更年期

听妈妈讲故事：

“我讨厌你们！你们心里只有自己，一点都不懂我，从来没有试着来理解我，你们让我自卑，让我不开心，让我开始沉默。我恨你们！”难以想象，这是17岁少女艾美编辑好准备发给父母的短信。

当然，这个短信艾美没有发出去，因为她的好朋友小荷制止了她。小荷说：“没有那么严重吧，我觉得我妈妈也不理解我，可是站在她们那个年代来看，她也不可能理解我。所以，不管怎样，妈妈总归是为你好，我劝你还是宽容一点，别用那个‘恨’字，多怪啊。”

艾美也感到自己做得有些过分，就放弃了发送这条信息的打算，但是她却依然很沮丧。她非常难过地说：“性格决定了我的失败、我不想过现在的日子、我想要快乐学习却毫无办法……我难过的时候，妈妈从来就不理我。我听姐姐说她到了更年期。真的，更年期真的好可怕，有时候我会感觉我不认识她了。她会忽然之间变得非常暴怒，还在家里摔盘子。”

“真是青春期遇上更年期，没有地方去说理。你妈妈现在可能比你还难受。”

“那我倒没看出来，我觉得她活得很滋润，家里所有的人都得让着她，就连小弟，以前她特别宠他，可是现在也对她退避三舍。因为她动不动就说小弟没出息，不能像谁谁一样特别出色。我真的有些受不了她了。”

“也许有一天，我们长大了，做了父母，也到了更年期，就会理解他们了。”

送给女儿的悄悄话

青春期遇上更年期，这真是一个十分糟糕的家庭环境。两个敏感的人就像来自两个星球的斗士，眼一睁就要没完没了进行争斗，斗嘴、斗气、斗胆，直到筋疲力尽，仍然不厌其烦。

说实话，女儿，如果妈妈进入了更年期，那么就和你一样，我们都要和自身的生理变化作斗争，这本来就是很累的事情了，可是妈妈还要照顾女儿。没办法，自从做妈妈那一天，就注定了这个责任将永生不变。所以，无论妈妈在你的眼里显得多么无理取闹，妈妈都一定首先想到的是你，妈妈所有的做法都是为了你。

妈妈虽然已经是成人，但其实妈妈也是在学习的过程，也在应对生活的变化、自身的生理和心理问题，所以妈妈不能肯定对你的所有做法都是正确的。其实就像妈妈一样，你也是在学习的过程中。每一个少女在成长的过程中都会受到来自各个方面的打磨，当然并不是所有的打磨对你都有益，这就需要你自己来提高自己的判断能力。

更年期的妈妈最擅长的大概是唠叨，如果你改变不了，那么不如静下心来分析分析，妈妈唠叨最多的一定是她对你不满意的地方，那么，关于这个方面你是否能有所改变。要知道，那可能是你突破瓶颈的地方。女孩子在化茧为蝶的时候，必须要突破难以面对、难以忍受的东西，相信你的妈妈，她不会害你。

如果妈妈的唠叨很过分，那么你也要理解妈妈，妈妈付出得越多，对孩子的期望越高，如果女儿的表现与她的期望差距越大，她的唠叨就也越多。如果你总是厌烦，不能容忍，久而久之，你和妈妈的关系就会恶化。

很多时候，这个唠叨的人可能还是爸爸，其实爸爸和妈妈一样，也会有更年期，最典型的症状也是唠叨。

不管是谁，父母是孩子无法选择的，父母、子女关系是双方相互作用的结果。父母们在为生活努力，为孩子的童年、少年甚至青年在买单，作为女儿，为什么不能学会接受自己的现实，包括接受自己的父母，接受他们的不完美呢？在改善关系上，孩子，你和父母负有同等重要的责任。

下面给你几点建议供你参考：

第一，学会做具体的事来表达对父母的爱的回报。

就像你需要父母的爱一样，父母也需要你的爱的回报。作为女儿，本来该是妈妈的小棉袄，爸爸的小心肝，你如果不爱他们，又让他们情何以堪呢？所以，不如从生活的小事做起，做好自己的事，帮助他们做一些力所能及的事情。即使他们对你的某些习惯行为难以容忍，看到你帮助他们的这种行为后，心也会变得柔软，在与你沟通的时候，也不会口无遮拦，伤害你的自尊。

你是一名女孩子，如果你一直理所当然地接受被爱，对父母的关爱就会变得麻木，迁延到对所有关爱的漠视。如果你成了一个冷酷无情的人，那么你的人生真的会很惨淡，你可能无法获得真正的爱情幸福，难以拥有幸福的家庭，在人际交往方面，你也会处处碰壁。所以，付出你的爱吧，爱你的父母，你会发现你更幸福。

第二，要学会先改变自己。

妈妈（包括爸爸）已经经历了生活的历练，他们目前的性格和行为习惯是接受了生活检验的结果，所以即使他们面临更年期的变化，生活最终也不会抛弃他们。他们可能在更年期受到小小的创伤，但那只不过是打盹做了一个不好的短梦。

而你不同，你的性格尚未成型，你的行为习惯还没有经历更多、更丰富生活的历练，而且生活展现在你面前的唯有父母对你的控制（在你眼里似乎是这样）和学校的约束，这是人生最简单不过的模式，如果你任由青春期激素对自己进行操纵，任性地和父母对抗，而不愿意反省自己做出一点点改变，不愿意用积极包容的心态来看待世界，那么，最终你将为你的任性付出一生的代价。

聪明的女孩，如果你不想这样，那么就请坦然接受父母的唠叨，耐心和父母沟通，先改变自己，再等待父母改变。人的一生会遇到很多我们不满意的环境、不满意的人，我们无法让别人改变来适应我们，但是我们可以改变自己来适应环境，改善关系。哈佛幸福课教授本-沙哈尔说过：你为生活做出的小小改变，会给你的未来带来巨大的幸福。

第三，适时向父母表示你对他们的不满意（当然，这一定是在你自己做过改善后）。

女儿，你当然需要表达你的想法，特别是你经过反复验证后仍然无法认同的父母的行为方式，你更需要向父母说出来。你的父母比你更希望知道你的想法，只是他们可能一时也不知道该怎样来打开你的心扉。那么，你就做一个使者，来打开和爸爸妈妈之间的沟通之道吧。

如果你怕当面说会引起冲突，你可以用写信的方式。一定要在心平气和的正常状态下写信，冷静客观地提出你的看法、希望。你也可以建议你的父母多看一些心理学方面的知识，帮助他们提升自己。

聪明的女儿，既然你希望自己能被父母当做成人看待，那么就学着站在更高的角度来看待父母的行为，包容接纳，然后巧妙地改变。相信不久以后，父母一定会感到非常惊讶：他们的小女儿居然变成了一个成熟的姑娘。

第10章

自尊自爱：自我意识缺陷会毁掉你

做一个真正的自己，就是要接受现实，喜欢自己的优点，包容自己的缺点。没有人能够完美无缺，也没有人能够强求做到理想中的那个自己，达不到完美不是你的错，每个人都这样。人无我有，我何必自视甚高？人有我无，我又何必自恨？完整的自我意识很重要。面对自己的优缺点都能够平和看待，并且保持自尊自信自爱，是一个女孩子最闪光的品质。

告诉自己“我是谁”

听妈妈讲故事：

一向乐观活泼的朵朵，是班里的小才女，可自从上了初三后，却变得越来越内向了，不喜欢与同学交往，甚至不想跟任何人说话，总是独自一人闷闷不乐，好像心里有一个打不开的心结。班主任把朵朵的变化看在眼里，有一天，细心的班主任在朵朵作业本里发现了一张写满心事的纸，上面这样写着：

“迷茫，在心底没有方向地回荡。如置身于幽蓝夜幕下的狂野，没有生灵，没有气息，空寂的心脏中传来心房的回音：我是谁？

心的出口没有一丝光亮。

我来自何方？将去向哪里？

漫游的灵魂四处寻找栖息的家园。

心头的恐慌如深夜里停留在电线杆上的野鸟，眼中的景物涣散了，延续在成长里的是无尽的颓废和迷茫……

颓废，是没有来由的沉沦。生活被生命折磨着，渐渐湮没的回忆终也融入岁月的苍茫。飘落的心魂，急迫地追问：我是谁？

遗忘生活带来的种种困惑是不是颓废的理由？心在一遍又一遍的失望中，要面对的是一种必须超越又难以超越的勇敢。凝视自己，回归自己，静静聆听心灵原始的呐喊：我是谁？”

朵朵写的文字深深地感染了老师，可是文字中的她却走入了青春期常见的人生困惑当中。班主任手里攥着这张溢满心事的纸，沉思片刻，在文章的背面也写下了几句话：

“你是一个喜欢思考的女孩子，说明你很有智慧。能够苦苦追问自己的人生，说明你开始了思想上的成长，这是非常可喜可贺的。但是，青春的花季雨季常常会伴随着困惑和迷茫到来，寻求答案要抱着平静客观的心态，切不要在追问的道路上滑入苦闷与忧郁的泥潭。希望你能在思考中找到快乐，而不是忧愁。”

作业本很快就发下来了，朵朵看了老师写给她的话，陷入了另外一种思考，这种思考怎么不像从前那么沉重了呢？她觉得，那是因为她看到了心口的那一丝光亮。

送给女儿的悄悄话

少女的心思非常细腻，一阵雨，一阵风，都能够让她陷入连绵的思绪当中。这个时期的女孩，想的东西特别多。“我”的快乐来自女孩的身体和心灵。当你尝试着开始对“我”字产生兴趣的时候，当你开始了解自身的生理和心理的时候，一个严肃的话题就出现了：主体意识的觉醒。寻找自我，反观自我，对自我存在的一切提出疑问，是少女们常在心中思索的问题，只是思考的角度和表现的方式不一样，有的喜欢写在纸上，有的喜欢用忧郁的歌声来表达，有的喜欢寻找这类文学作品来阅读等。

我欢喜，我忧伤；我幸福，我痛苦；我恐惧，我孤独……当你面对这一切情绪和感受的时候，你会突然意识到一个既熟悉又陌生且神秘的字眼：我。

“我”是一个埋藏在心灵上的种子，温暖而又顽强，当它一萌芽的时候，你就开始作为一个具体的人而在这个社会上存在了。你与这个社会、这个社会与你就发生了一种亲密的联系，你的价值和意义便成了你一生需要实现的目标。你会不停地追问和探索，“我是谁？”、“我要到哪里去？”这是个人类追问了千百年的哲学问题，它是如此简单而又复杂。

一个从未思考自己来自何处，将去向何方的人，一个不了解自己的人，从某种意义上说不算是一个有灵魂的人。一个不认识自己的人，自然无法去了解他人，了解世界。人在这个世界上，首先要自己对自己负责，其次才是对社会和家庭负责。假如一个人不曾深刻地去思考自己存在的意义，那么责任、道德、使命感又从何而来？

了解自己，就要熟悉和了解自己的生理和心理。人的生理和心理是人的构造中最核心的东西，我们的一切行为都受其支配和驱使。所以，熟悉和了解自己的生理和心理异乎寻常的重要，它可以说是人生的第一堂课。女孩如果不能正确对待它，那么困惑和迷茫就会尾随她一生。许许多多的天才人物都是悲剧性的，他们的结局就是因为没有学好这门课和没有进行有益的调整而造成的。

青春期的身体和心灵上的变化，让心思细腻的少女们情不自禁地去探索自己的心灵之路和生理之路。如果我们能够真正了解自己，那么一切的问题都可以迎刃而解了。从大的意义上说，人生观和世界观，都来自我们的生理和心理对这个世界作出判断，而后采取符合自己判断的行动。当女孩不快乐的时候，就要采取行动自我调整，让自己像向日葵一样，永远转向快乐、健康和幸福。

珍惜自己花样的生命

听妈妈讲故事：

刚入学不到两个月的初一新生依依眉清目秀，平日里很文静，有一天却突然在教室里大哭大闹，手中挥动着把小刀，扬言要自杀。她被几位同学制止住后，仍在号啕大哭。班主任经过了解，知道入学以来班级中并没有什么人欺侮过她，也没有哪个老师激怒过她，近期她家中也未发生过什么令人伤心的事。这究竟是怎么回事呢？富有经验的老师显得特别的冷静，他找依依连续谈了3次话。

第一次，老师说他知道依依伤心的原因，并且说其实她自己心中有一种依靠自己的力量难以解决的矛盾，老师愿意为她分担，为她出主意。依依听到这里，擦着眼泪，忽闪着两只大眼睛，半信半疑地看着老师说：老师，你已经猜出了我心中秘密的三分之一。

第二次，老师没有跟依依谈及自杀之事，只是借给她一本有关情绪问题的书，并告诉她如果总是深陷在一种起伏不定的伤感情绪之中，对自己的身心极为不利。依依如获至宝，拿了书谢了老师就走了。

第三次，依依主动找到了老师，她先把自己一本厚厚的日记交给老师，并要求老师等她走开后再看。依依终于打开了自己的心灵。某天的日记：我处在紧张的恐怖的心理状态之中，惶惶不可终日。这种状态削弱了我，使我觉得生活是那么的平淡，那么的无味……在某种事情面前我会产生悲观情绪，会觉得没有意思，就想了结自己的一生，到一个我没见过的地方——是天堂或是地狱。再过些天的日记：……只有另外一个地方，才是我真正的归宿，我能在那儿长眠。也许今天是我待在这个教室的最后一天，也许还有几天……

在老师的教育治疗下，经过各方面的配合和关心，依依不但情绪逐渐稳定，学习成绩有了一定提高，而且能积极关心班级集体，迫切要求进步。阳光透进了曾经企图自杀的依依的心灵，她开始确立生活目标，又重新前进在生活的道路上。

送给女儿的悄悄话

托尔斯泰说：“让死人去埋葬死人吧，我们既然有生命，我们就得活下去，而且要活得幸福。”上天赋予我们花朵般灿烂的生命，不要轻言放弃，因为生命的尊严需要我们用心捍卫。要珍惜自己的生命，因为生命属于你自己。

初中生与高中生看待自杀行为，他们的看法差别不大，都认为“自杀比什么都能使父母悲伤”、“生命不是自己的”、“自杀是因社会的矛盾和复杂性而产生的”、“对将来抱有希望的人不会想什么自杀”。多数学生的想法是，自杀在谁身上都可能发生，即使发生也是无奈的事情。

自杀心理有它的特殊性，少女自杀的心理特征主要表现为：

第一，认为自杀是唯一的选择。

第二，具有严重的消极情绪，如极端的失望、孤独、焦虑和痛苦等。这不同于一般的消极情绪，过几天或一段时间后就会解脱，而是已经达到无法摆脱的绝望的地步。

第三，在生的欲望与死的欲望的斗争过程中，结果是死的欲望战胜了生的欲望，真正形成了自杀的动机。

第四，性格大多内向，一般表现为沉静、谨慎、多思、孤僻、反应缓慢、适应环境困难。但是，开朗、活泼、善于交际、情绪外露、不拘小节、易于适应环境的外向型的女生也可能有自杀倾向。因为少女的性格具有一定的可塑性，在一定的环境和事件中，她的性格会发生扭转。在突然事件面前，外向型性格的人如果无法摆脱内心痛苦，也会选择自杀。

第五，感染性自杀。一种集体性的自杀，也叫扩大性自杀。几个学生一起去自杀，在这一事件中有的学生本来就存有自杀的意图，而有的学生本来并无自杀念头，而是在别人的自杀意图的感染、影响下，才产生了自杀行为。这表明，青少年自杀行为具有感染性、从众性。

总结以上迹象，自杀其实是缺乏精神力量的结果。从少女自杀的诱因来看，她们所遭遇的大多是不值一提的小事，却对她们的心理产生巨大的冲击，甚至不惜以死来求得解脱，确实让人扼腕叹息。造成一幕幕悲剧的更重要的原因是，遭受挫折或打击的时候，由于对生命价值缺少正确的认识，年少的女孩很容易作出极端的选择。而缺乏沟通和交流机会的氛围也在不知不觉中为脆弱的少女埋下了心理疾病的种子。敬畏和珍惜生命，用客观的态度看待死亡现象，是摆在少女青春期的一个重要人生问题。

“求生抗死”才真正是人的本能，为了提升生存质量并推延死期的降临，人类不知道做了多少付出。而生老病死是自然法则，无论你愿不愿意，它终将来临，又何必那么着急地将它结束？即使当你与心爱的男孩发生了矛盾，或他不再喜欢你时，也不能用自己的生命做赌注，不要为一段不成熟的爱放弃自己宝贵的生命。要想生命更有意义，除了追求幸福和快乐之外，更重要的是创造价值。按马克·吐温的话就是：“我们要努力把一生好好度过，等到死的时候，那就连殡仪馆的老板也会感到惋惜。”这样才算活出了境界。如果你还是为此迷茫痛苦，那么就牢牢记住一句诙谐但令人深思的话：没有必要急着死，因为我们将来会死很久。

你的独立是妈妈最大的欣慰

听妈妈讲故事：

盼盼是独生子女，在她还很小的时候，父母为了让女儿自立、自强，拥有坚定的信念、坚韧不拔的毅力和良好的心理素质，就有意识地培养盼盼的独立能力。每天早上5点30分，“丁零零”小闹钟一响，11岁的盼盼就悄悄地起床，揉揉惺忪的睡眼，踮着脚尖轻轻绕过爸爸妈妈的卧室，到厨房做好早餐，并且准备好中午的饭盒。吃完简单的早餐后，背上沉甸甸的书包出了家门。盼盼洗衣服，叠衣被，自己乘车往返学校，从不让父母操过心。

与盼盼的独立懂事相反，娟娟十分脆弱，几乎不具备独立的自理能力，让父母伤透了脑筋。娟娟出生在一个衣食无忧的富裕家庭，父母“望女成凤”，为了让她专心学习，在家连扫把也没让她摸过，有时连饭都喂给她吃，娟娟15岁了从没做过一次家务。有一回，娟娟父母要一起出差，思前想后，只好打电话向亲戚求助，让人到家给女儿做饭。自从娟娟考上县城的中学后，娟娟的妈妈每周得乘3个小时的汽车去学校给女儿洗衣服、鞋袜。到了学校，看着女儿的同学个个都能自立，自己女儿却连剥鸡蛋都不会，学习也一落千丈，她追悔莫及，声泪俱下。

送给女儿的悄悄话

一个人的独立性是指他能够通过自身努力获取知识并且提高能力，还能解决问题以适应社会，求得自身生存和发展而推动社会发展的个性心理品质。独立性是一个人非常重要的心理品质，对人一生的发展和成才起着极为重要的作用。

独立性强的女孩善于独立思考，对各种事情有着自己的看法和观点，也不会轻易因他人暗示或影响而轻易改变，坚信自己的观点和主张，不迷信、不盲从，不因外界压力而动摇。她还会不断吸收新的知识和信息，时时调整自己的观点。大量的事实证明，独立的心理品格，可以使人克服重重困难，创造出惊人的成果。

要成为一个独立的女孩，就要主动做到以下几点：

第一，用心体会父母的艰辛，不做家里的“小娇女”。不少家庭现在都是“四二一”结构，即四位老人、一对夫妇、一个子女，这种结构又很容易导致“四二一综合征”。全家人对孩子的生活照顾得无微不至，衣食住行可谓是周到又周到，结果使孩子成长中必须接受的磨炼严重缺失。

第二，着意培养自己最起码的生活能力，戒除娇气。

第三，反思自己的各种坏习惯，如任性、无节制、乱花钱、不刻苦、不尊重长辈等，在生活中逐步改正。

第四，自己的事情自己去做，戒除依赖性，不要不厌其烦地麻烦别人，却从不想花力气自己去做些力所能及的事。

第五，客观对待学习和生活中遇到的“拦路虎”，找到解决这些问题的办法，不要怨天尤人、埋怨父母。

总之，先树立起独立思考的意识，你成为一个独立的女孩就不远了。独立的女孩才是妈妈心里最大的自豪。

你要找到学习和成功的自信

听妈妈讲故事：

新学期开始了，一想到数学课玲玲心里就直发憷。上学期期末数学考得特别差，妈妈可是唠叨了一个假期啊！虽然爸爸没有说什么，但是当时的情形让玲玲实在是不知道怎么形容自己的心情。

为什么无论怎么学就是学不好数学呢？可怕的数学！难道人家说女

孩子上了中学数学就跟不上了，真是有道理吗？

玲玲越是这么想，心里就越慌，学也不是，不学也不是，这可怎么办呀？

“玲玲，你磨磨蹭蹭的是想逃课吗？”同在一个班级的哥哥幸灾乐祸地问。

“别乱说话，是你自己想逃课吧？”

“听说这学期我们班来了一个新的数学老师！”哥哥对着玲玲挤挤眼睛，“看来你的数学成绩很快会大红灯笼高高挂喽！哈哈哈……”

“你！”玲玲狠狠地翻了哥哥一个大白眼，“真可恶！”世界上哪有这样的哥哥！

“换老师？换老师那不就意味着所有的讲课方式都变啦？唉，我还怎么学好数学呢？”玲玲更发愁了。

“哥哥，你说数学要怎么学呀，为什么每次数学考试你都能考高分呢？”

“很简单啊，女孩子缺乏逻辑思维，数学都学不好的。”

“哼！你才没逻辑呢！你最喜欢胡说八道！”

玲玲狠狠地跺了一下脚，气呼呼地走进教室，她下定决心偏要学好数学，哥哥到时候想不刮目相看都不行。

从那一天起，学数学的劲始终憋在玲玲的心里，上数学课比干什么都认真，不懂就问，深得新老师的赞赏。老师的鼓励也让玲玲对待数学作业的态度更加一丝不苟，她开始喜欢数学，喜欢这个新来的老师。晚上回家也不和哥哥抢电视看了，做完作业就看些和数学有关的书籍，增进对数学的了解和兴趣。数学，数学，原来另有一番乐趣呀！

期中考试不知不觉到来了，数学试卷发下来的时候，玲玲不再像以前那么慌张了，她很从容地答完了全卷，还反复检查了好几遍才交卷。试卷没几天就发下来了，哥哥又跑来笑嘻嘻地问：“唉，这次我只考了

92分。玲玲你呢？要是不敢讲，不说也行啊。”玲玲眨着大眼睛忽闪忽闪地看着哥哥，过了好一会儿才“低落”地说：“你千万要替我保密哦，也不用为我伤心——我只考了100分！哈哈。”

送给女儿的悄悄话

每个人在学习过程中都会有遇到自信心不足的时候，这是很正常的现象。造成这个现象的主要原因是：好胜心受挫，曾暗中与一些同学比高低，虽刻苦努力，却遭失败；或者自身出现了某些不如他人的因素，如学习方法不如人，学习条件不如人，失去了竞争的动力；或自尊心得不到尊重，学习上经常受到老师批评，感到同学们瞧不起，自己怎么努力也没有用。如此种种，心灰意冷，不思进取，对学习慢慢就失去了自信。

提高学习自信心的办法很多：

第一，自信训练。首先，要察觉并找出个人消极的自我意识。其次，要采取主动进攻的态势，向消极的自我意识挑战。假如你总是这样分析自我：世界上没有一个人所有的能力都是很强的，人的能力发展总是不平衡的，有强有弱。我在学习能力方面，记忆和理解能力还是很强的，就是分析能力弱一点，综合能力缺乏，不是所有的能力都低；班级里还有比我能力更低的人，他们相信“笨鸟先飞”，还在努力，因此能力低的担心是不现实的，不必要的。这种想法是有百害而无一利的，它松懈斗志，扰乱正常情绪，若不及时排除，到考试时便会产生不良后果，面临留级时就悔之晚矣。最后，采取对策。进行有条不紊的复习，在复习中把学习基础打扎实，同时排除杂念，开发潜能，吸取其他同学学习成功的经验。

第二，抓好基础。如玲玲，应从学习的基础抓起，即低起点——小步子——多练习——快反馈，使学有所获，目的是使自己看到自己的潜能、自己的力量和智慧，由此产生“我也能与他人一样成功”的信念。创造适合自己“力所能及”的学习环境，通过自己的努力，必定会达到预先的目标，体验到成功的喜悦。

第三，提高耐挫能力。面对学习失败，不要心烦意乱、一味自我谴责，要分析失败的原因所在，总结经验，制订下一步的学习计划，并付诸行动。

作为一个风华正茂的女孩，只要努力，同样能够在学业上取得和男孩一样优秀的成绩，甚至更出色。所以，千万不要误以为自己进入了青春期就不如男孩子，学习需要的就是坚持和自信。

别让虚荣心害了你

听妈妈讲故事：

进入初中后,月月对名牌开始迷恋起来，对“名牌”产品的信赖也使她变得任性而霸道，时时都要保证自己用的、穿的、玩的全是名牌。比如吃汉堡包一定要到肯德基，书包一定要背“小太阳”，运动服一定要穿“米奇”，自行车一定要骑“好孩子”……每一次，外婆和爸妈都对她有求必应。

一次，姑姑来沈阳办事，顺便给她带了一套衣服。月月一看是市场里买来的大路货，当即推回给姑姑说：“什么杂七杂八的东西，我不穿！”结果让姑姑十分难堪……

月月对学习用具的要求也是一流的。她的钢笔一直都是那支268元的特级名牌“英雄”，她认为用这支笔书写流利、笔画均匀。她总感到这支名贵的钢笔拿在手里，使她的思维更加敏锐，使她有了最好的成绩。初二的一次考试中，这支笔的笔尖忽然坏掉了，月月的心情顿时糟糕透顶，只好临时向同桌借了一支笔。但同桌的这支笔只是几元钱的大路货，这让她心里极为难受，她满脸难堪，总感到用这样的笔答不出好的成绩。结果，这次考试她的成绩特别惨。这天她回到家里对母亲哭泣着说：“都是那支笔不好！”母亲只好又给她同时买了两支268元的特级“英雄”，一支平时用，另一支则做备用……

送给女儿的悄悄话

虚荣心太强是青春期女孩比较容易产生的一种心理障碍。少女正处于认识与评价自我的关键期，在追求名牌的背后有着正常的心理动因：

第一，寻找自我角色定位。在青春期逆反心理和主观成人感的作用下，父母和学校的教导已不是唯一价值准则，青少年渴望拥有自己的思想和价值标准，在同辈中获得认同感。

第二，青春期性心理需求。春心萌动的孔雀会以美丽的羽毛吸引异性的目光，名牌就像漂亮的羽毛，崇尚品牌而没有品牌的女孩会为自己没有漂亮的羽毛而自卑。

心理学认为，女孩进入青春期后，儿童时代笼统、稳定的“自我”概念逐步淡化，随之而来的“我”被分裂成两个，一个为主体的我，即“理想中的我”；一个为客体的我，即“现实中的我”。由于成长中的少女自我认识、评价的能力不够，为了表现自我，获得他人尊重，往往会自觉或不自觉地淡化“现实中的我”，强化“理想中的我”，出于生怕被别人看不起的自卑心理，使用“假我”来掩盖“真我”，于是便形成追求虚荣、追求奢侈的心理障碍。

为了克服因向往奢侈带来的虚荣心，女孩应重新树立正确的价值观：

第一，引导自己在积极正面的地方有攀比心，例如学习、品行、技能等，别让自己往追求物质、不良行为等方向发展。

第二，学会客观评价自己。虚荣心太重的少女要么过于自尊，要么过于自卑，总是不能客观地正视自己。

第三，正确对待他人的目光。虚荣的一种表现就是沽名钓誉，喜欢追求表面上的东西。按照自己的实际需求来生活，不能以华而不实的东西作为追求的目标。

虚荣心有各种不同的表现形式，但根本目的大体相同：即否定现实中的真“我”，编造出一个幻想中的假“我”，从而抬高“我”的身价，使别人对自己刮目相看，受到别人尊重。这种自欺欺人的心理障碍，往往与自卑和自负同时存在，对青少年健康心理的培养有害无益。奢侈带来的虚荣心的满足实际上是虚假的、事实上不存在的荣誉。

喜爱名牌是每个人都会有的心理，是正常的，因为大多数人都渴望自己被人尊重，被人敬仰，都希望自己能做得更好、更理想。但是，平凡与朴素更能凸显一个少女的清纯和内心的美丽，更让你专注于学业上的进取而非外在的虚荣。如果虚荣心太重，就会影响心理健康，影响正常的学习和生活。仔细观察，你会发现虚荣心太重的女孩活得非常累。这是由于她们不能展示“真我”，不能按自己的本来面目生活，而需要在别人面前乔装打扮、刻意抬高自己。另外，靠奢侈来提高虚荣心的人虽然在别人面前显得“自信”，但她心里并不轻松，尤其在一个人独处时，便会感到更加自卑，因为她更明白真实的自己，骗不了自己。真相和假象的反差易使少女的内心空虚、失落，最终导致心理颓废，不求上进，这是我们不愿意看到的结果。

女人必须实现自己的价值

听妈妈讲故事：

今年读初二的欣欣期末分数不理想，基本与重点高中无缘了。父母及邻居经常互相攀比谁家孩子将来“有出息”的风潮让她压力很大。恰巧她家对门一女孩4年前考进北京一所重点大学，如今又在著名外企工作，赢得不少邻居的赞美。偏偏对门父母曾与欣欣父母因在楼道里摆东西发生过口角，于是，从那时起，双方父母总是铆足了劲要比试看谁家子女“混得好”。

不过，最近对门发生了一桩事，给欣欣触动很大。原来，对门女孩找了个在家人看来条件不怎样的男朋友，遭到了邻居们的私下嘲讽，对门父母与女孩经常为此事争吵不休，对门父母觉得家里几乎倾尽所有送她读完大学，现在又在外企工作，各方面条件都很好，少说也应该找个“门当户对”的人家，父女各执己见，甚至发展到要断绝父女关系的严重地步。

看到发生在自己身边的这件事，一番思考后，欣欣觉得：女孩子考大学、工作出色都不一定能决定命运，婚姻才是女人最大的转折点，考得好，干得好，还不如嫁得好。于是，欣欣梦想着到京城打两年工，然后在京城找到自己的如意郎君，为自己和家人扳回面子。她带着这个想法辍学了。

送给女儿的悄悄话

对于现代女性来说，提高和充实自我，展现出生机勃勃的青春来，这才是关键。由内及外表现出来的才华、气质和人格魅力，比美丽的外表更有价值、更恒久。一个外表再怎么漂亮的女人也经不起时间的打磨，她的外在会日渐褪去，然而智慧的女人则犹如钻石一样闪烁着光芒，越久越添光彩。现代社会为女性的发展提供了更多的公平竞争和展示才华的机会，尤其是正当年少的女孩，更应坚决摒弃“干得好不如嫁得好”的思想，树立自强、自尊、自重、自立意识，以一种积极的心态面对生活，靠自己的努力和拼搏去创造美好的未来。如今女性在社会上扮演着越来越重要的角色，许多女性通过自己的辛勤努力，取得了骄人的业绩，正所谓“巾帼不让须眉”。无端抱怨，不去奋斗，不去竞争，不敢竞争，是一种不敢面对现实生活挑战的懦弱行为，而将全部希望寄托于“嫁一个好老公”，并以此作为不好好学习的理由，这是一种不思进取、贪图享受的狭隘思想。

更进一步去想，一个女人要在社会中生存，只有经济独立了，人格独立了，才能够自立自强，才能够获得别人的尊重，才能够过上自己想要的生活，才能最终让自己幸福快乐。眼前的学习虽然艰苦，可它是暂时的，而荒废学业则等于荒废了自己的人生财富，那样的痛苦将是一生的。幸福是自己创造的，而不是从天上掉下来的一个大馅饼。更何况即使你能找到一个“金龟婿”，他也未必能够用一种平等的态度来对待你；在自我价值都没有实现，经济都不独立的情况下，去追求一位优秀的“金龟婿”，未免有些低声下气。这样的幸福往往不是真的幸福。

少女应该从求学时代起就充分认识实现自我价值的重要性，要期望自己做一个顶天立地的人，不能只幻想依靠外力，更主要的是在于自身，要在自身的潜意识里树立起自强不息的信念。要获得社会的认可、获得支持、获得爱情、获得幸福，必须自信、自立、自强、自重、自爱，要学会掌握自己、开发自己、经营自己，不要将自己交付给任何除自己以外的人。奋斗的女孩犹如阳光下自由生长的花朵，自然就会焕发出女性独有的魅力。

妈妈教你调整自我意识的缺陷

听妈妈讲故事：

升上高中以后，艾艾开始变得很自卑，因为她原本引以为豪的光滑肌肤不知不觉竟然给此起彼伏的青春痘占据了。她曾经无意中听到一些同学在议论痘痘的时候，有人竟然拿她当例子笑话，从此，艾艾更加抬不起头面对别人了。她害怕别人注视她的目光，更加不愿意和别人面对面讲话。

送给女儿的悄悄话

外貌并不是一个女孩的全部，对自己的外貌要坦然接受，长得丑一点儿，也不是什么失败。最重要的是，要对自己有正确客观的认识。

个体自我意识是在人类成长过程中逐步形成和发展起来的，初生婴儿对自己的身体和外界事物没有认识，人在3岁左右开始萌发自我意识。学前儿童自我意识具有表面性、易浮躁、情绪化的特点，小学生自

我意识发展加速，自我评价独立性日益增大，在全面性方面有一定程度发展，也有了一定深刻性，至青春期自我意识发生突变。随着年龄的增长，进入青春期的少女自我知觉越来越精细，自我概念也越来越明确和清晰。这个时期的青少年开始变得关心自己，对“自我的评价和认识”特别敏感，经常考虑自己的外表怎么样，性格是什么样的，别人是否喜欢和接受，别人眼中的自己是个什么样的人，自己的兴趣和志向是否正确和有发展，将来自己会成为一个什么样的人等。

自我意识的高度发展同时让少女的身心面临着许多考验和挫折——身心变化，家庭、学习、婚姻恋爱、职业选择、前途追求和社会政治生活等变化。这种矛盾、波折、动荡现象必然反映在女孩的精神生活中，导致各种各样的苦恼、忧郁、挫折、自卑、焦虑、紧张等心理问题。面对这些心理问题，对于涉世不深的少女来说，可以说每个人都存在着主客观不适应、不协调、不理解等心理矛盾，处理不好可导致多种心理障碍，导致自我意识出现缺陷。

自我意识出现的缺陷和障碍主要表现为以下几个方面：

第一，现实自我与理想差距过大；

第二，自主性缺乏或不足；

第三，自我菲薄与自我陶醉；

第四，极度的自我中心。

理想自我中有不切实际的成分，应实事求是地接受追求目标，因为不切实际、过高的目标，会影响信心。如果理想自我“是一个错误的追求”，要及时纠正。

过高地评价自己的长处和优点，叫自我陶醉；对自己的能力、性格、体格、容貌等深感不足，叫自我菲薄（自卑）。自卑感是青春期常见的心理障碍之一。所谓的自卑是指个体在与他人进行比较时，对自己的能力、品质、学识、相貌等作出过低的评价而产生的消极心理活动，常表现出忧郁、悲观、孤僻、无能等心理失衡状态。自卑感较强的人容易把自己封闭在“玻璃监狱”内，将自己限制于焦虑与疏远的“灰色心理”的围城之中。这不仅会失去无数美好的机会，而且也不利于他们的人际关系和人格的和谐发展，抑制人的能力的发挥与发展。首先要正确分析自我，认识自我并接受自我，其次要树立自信心，把时间用到学习和活动中去。

自我中心是指人在观察事物或考虑问题时，不能理解他人的观点、他人内心世界的一种心理状态，自以为自己完全正确，无所不能，完全有能力照自己的设想来改造社会和世界，使之达到理想境界。所以，要到现实中去，通过社会交往和锻炼活动，来检验自己的理论、观点，发现缺陷，并正确认识个人力量和集体力量的关系。

那么，成长中的女孩该如何正确认识自己呢？

第一，和自己的同龄人作一个比较，从外表到内在以及各方面的能力，都一一分别列出来，这样你就能够直观地总结自己哪些方面好，哪些方面不足，不足的地方可以用自己的长处来掩盖。学会扬长避短，因为这个世界没有人是完美的。

第二，分析别人对自己的态度和评价。别人对自己的态度和评价是认识自己的重要依据之一。在交往的过程中，听取别人对自己的评价，把这些态度评价当做一面镜子，借此看清楚自己到底是怎样一个人。但也要注意，别人对自己的认识评价也不一定都是正确的，别人的认识和评价可能带有成见或偏爱，受他们的知识经验、价值观、情感、态度等因素的影响，所以单靠别人的赞美或批评来认识自己，不一定完全可靠，少女们要有辨别的智慧。应怎样对待别人对自己的态度和评价呢？

第一，看重与自己关系密切的人对自己的评价。

第二，特别重视他人异口同声的评价。

第三，求同存异，除了重视与自己观点一致的意见，也重视与自己观点不一致的意见。

第四，通过多和别人交往，让他人更多地了解自己。

少女的时光是人生最珍贵、最美好的时光，在人的一生中会留下难以磨灭的影响。青春期还是迈入社会、面临众多矛盾和波折的时期，好好调整自己，正确看待自身出现的各种矛盾，才能自信而健康地度过每一天。